中国文化
知识读本

ZHONGGUO WENHUA ZHISHI DUBEN

古代青铜器与司母戊方鼎

金开诚◎主编　方广梅◎编著

吉林出版集团有限责任公司
吉林文史出版社

图书在版编目（CIP）数据

古代青铜器与司母戊方鼎 / 方广梅编著 .—长春：
吉林出版集团有限责任公司：吉林文史出版社，2009.12（2022.1 重印）
（中国文化知识读本）
ISBN 978-7-5463-1688-8

Ⅰ.①古… Ⅱ.①方… Ⅲ.①青铜器（考古）–简介
–中国 Ⅳ.① K876.414

中国版本图书馆 CIP 数据核字（2009）第 236876 号

古代青铜器与司母戊方鼎

GUDAI QINGTONGQI YU SIMUWU FANGDING

主编/金开诚 编著/方广梅
项目负责/崔博华 责任编辑/曹恒 于涉
责任校对/王凤翎 装帧设计/曹恒
出版发行/吉林文史出版社 吉林出版集团有限责任公司
地址/长春市人民大街4646号 邮编/130021
电话/0431-86037503 传真/0431 86037589
印刷/三河市金兆印刷装订有限公司
版次/2009 年 12 月第 1 版 2022 年 1 月第 7 次印刷
开本/650mm×960mm 1/16
印张/8 字数/30千
书号/ISBN 978-7-5463-1688-8
定价/34.80元

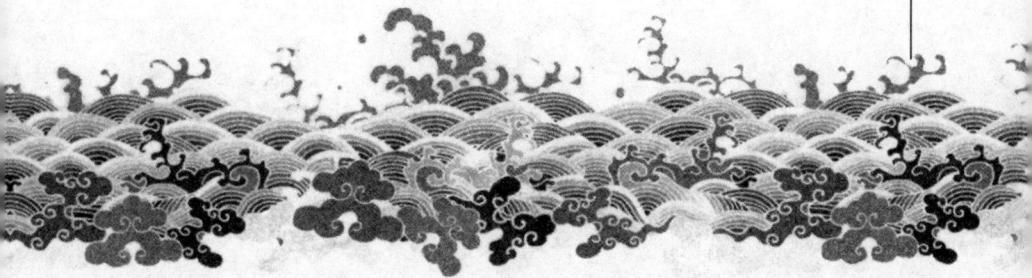

关于《中国文化知识读本》

　　文化是一种社会现象，是人类物质文明和精神文明有机融合的产物；同时又是一种历史现象，是社会的历史沉积。当今世界，随着经济全球化进程的加快，人们也越来越重视本民族的文化。我们只有加强对本民族文化的继承和创新，才能更好地弘扬民族精神，增强民族凝聚力。历史经验告诉我们，任何一个民族要想屹立于世界民族之林，必须具有自尊、自信、自强的民族意识。文化是维系一个民族生存和发展的强大动力。一个民族的存在依赖文化，文化的解体就是一个民族的消亡。

　　随着我国综合国力的日益强大，广大民众对重塑民族自尊心和自豪感的愿望日益迫切。作为民族大家庭中的一员，将源远流长、博大精深的中国文化继承并传播给广大群众，特别是青年一代，是我们出版人义不容辞的责任。

　　《中国文化知识读本》是由吉林出版集团有限责任公司和吉林文史出版社组织国内知名专家学者编写的一套旨在传播中华五千年优秀传统文化，提高全民文化修养的大型知识读本。该书在深入挖掘和整理中华优秀传统文化成果的同时，结合社会发展，注入了时代精神。书中优美生动的文字、简明通俗的语言、图文并茂的形式，把中国文化中的物态文化、制度文化、行为文化、精神文化等知识要点全面展示给读者。点点滴滴的文化知识仿佛颗颗繁星，组成了灿烂辉煌的中国文化的天穹。

　　希望本书能为弘扬中华五千年优秀传统文化、增强各民族团结、构建社会主义和谐社会尽一份绵薄之力，也坚信我们的中华民族一定能够早日实现伟大复兴！

【目录】

一　青铜器的发展历史

中国青铜艺术历史悠久

中国的青铜时代从公元前2000多年形成，经夏、商、周和春秋战国时代，大约持续了一千六百余年。具体来说，中国青铜艺术的发展经历了从初步发展到鼎盛时期，之后又经历了急速的变化时期转为再度繁荣直至最后逐渐衰落的过程。

（一）夏代（公元前21世纪—公元前16世纪）初步发展时期

夏代（公元前21世纪—公元前16世纪）是中国青铜时代的初步发展时期，而且到夏代晚期青铜铸造已初具规模，各方面的技术条件已日渐发展成熟，并为商代青铜艺术的发展和兴盛奠定了基础。这一时期以二里头文化为代表。

距今一万年前后，人类从采集经济过渡到了农耕经济，从四处流浪开始了定居生活，从此，人类开始从事农业、饲养家畜和制作陶器。石制工具的制作方法发生了重大的变化，由原来的打制转变为精细加工的磨制，人类从旧石器时代进入新石器时代，文化面貌出现了巨大的变化。石器制造技术的巨大进步，使聪明的人类开始利用自然界的金属制造用具，自然铜首先进入了人们的视野。

青铜镜

各式各样的青铜印章

　　铜是人类最早认识和利用的金属，在自然界存在着一种叫"自然铜"的矿物，这种矿物的含铜量很高，可以达到95％以上，人们只要用工具锻打，就可以将自然铜制成他们所需要的工具。

　　自然铜的数量在大自然界中是十分有限的，因此，要想寻找到大量的自然铜，

存在着很大的困难。于是，人们用许多含铜的矿石来代替自然铜，有的矿石还能发出闪亮的金属光芒，吸引着人们去采掘。在选材的过程中，常见的铜矿石——孔雀石映入人们的眼帘。孔雀石的颜色呈蓝绿色，很像孔雀的羽毛，因此，这种色泽鲜明而纹理漂亮的矿石对人们的吸引力很

自然铜

大。但是这种意外的发现却触发了原始冶炼业的产生。

人们开始认识、利用自然铜，到有意识地进行人工开采和冶炼，曾经历了一个相当漫长的过程。当人们用那种自然铜矿石制造石器时，惊喜地发现这种铜矿石具有比其他石头更多的优点，它不但在制作的过程中不容易破裂，而且，在制作成器时还不时地闪烁其美丽的金属光泽，给人们以美的享受。也许一个偶然的机会，人们发现，孔雀石掉到炭火堆里，经高温会熔合成铜液，冷却凝固时可以随意成形。这种现象不知重复发生了多少次，经过长时间的经验积累，人们终于发明了用孔雀石加木炭来冶炼并铸造红铜的技术，从此，红铜器开始普遍出现了。

但是，随着生产技术的进步和经验的积累，人们又发现红铜存在着一定的缺点，即硬度很低，不适合制作各种生产工具，在生产中也不能发挥更大的作用。后来，在长期的生产实践的积累下，人们发现了一种新的矿石——锡矿石，并且学会了冶锡的技术。在掌握了冶铜术和冶锡术的基础上，又进一步发明了用红铜加锡熔炼为青铜合金的技术，并且发现这种青铜合金，熔点比红铜要低，

锡矿石

硬度却很好，含锡10％的青铜硬度是红铜的四倍多，青铜还有熔化时流动性好，冷却时体积膨胀的特点，用它可以铸造大的容器，而且有光泽，不容易被腐蚀。人们从偶然发现到最后认识青铜器，选择青铜器并成功地铸造青铜器经过了非常漫长的历史时期。直至历史的车轮进入了遥远的公元前21世纪，中国第一个奴隶制王朝夏王朝时期，青铜礼器的造型已初具规模。夏代是我国青铜礼器的萌生期，中国古代灿烂辉煌的青铜文明由此发祥。

夏代青铜器的总体特征是胎质都很薄，制作也比较粗糙，多朴实无饰，就是

青铜器

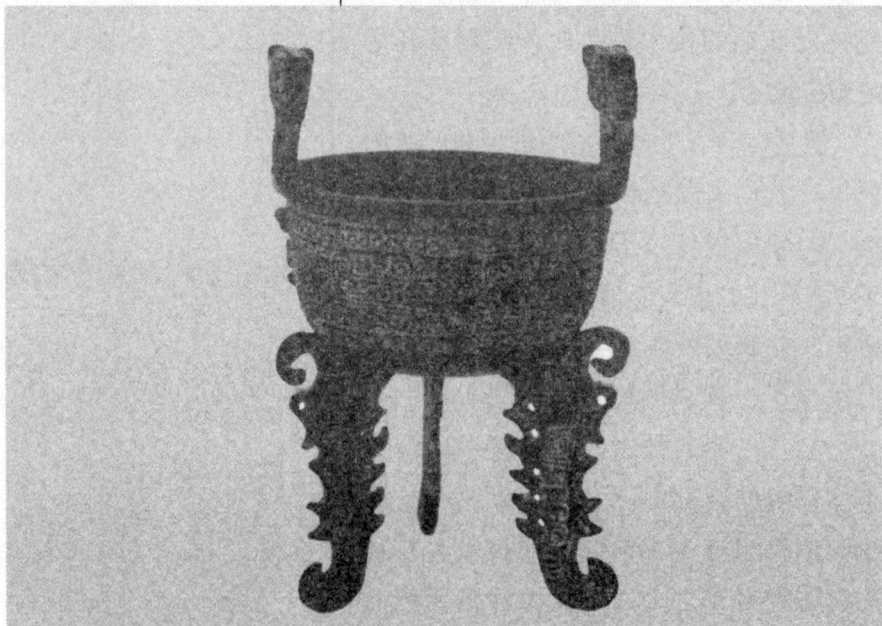

古代青铜器与司母戊方鼎

铜烛台和水烟袋

有纹饰的铜镜也仅为星条纹、三角纹等几何纹饰，绝无三代青铜器纹饰的神秘感。到夏代晚期，少数器物才显得比较精细，出现简单的弦纹、乳纹、卷云纹、圆饼形纹和网格纹等。而在商周时代青铜器上出现的那种广为盛行的气势恢弘的兽面纹，在夏代的青铜器上却是很少能够见到的。

夏代的青铜器种类较少，属于日常工具和生活类，如刀、锥、钻、环、铜镜、装饰品等。但是应当承认，当时人们已能够制造容器，还有少量的兵器和乐器，这与后来品种繁多的商周时期相比，显得有

商周时期的青铜器

些不够成熟。

夏代的青铜器，无论是在铸造工艺上，还是在种类上，都表明夏代仅仅处于萌芽阶段，是人类青铜器发展的初期。

（二）商周鼎盛时期

在商周的早、中期（公元前 16 世纪—公元前 13 世纪）的青铜器以郑州二里岗遗址出土的青铜器为代表。这一时期的青铜器，无论在数量上、规模上，还是在铸造工艺上，都取得了一定的进步，并显现出了日趋成熟的青铜文化。

到了商周的早、中期，青铜器的种类急剧增加，无论是酒器、食器、兵器、生活用具还是生产工具的种类都呈现出了多样化的趋势。商代早期的青铜酒器不仅数量大增，而且种类繁多，除了夏代已经出现的酒器以外，新品种有尊、罍、卣等酒器。商代除酒器种类增多，食器和水器的种类也丰富多样。食器主要有鼎、鬲两种，也开始出现少量的甗、簋。随着奴隶制国家机器的日趋加强，作为军队必不可少的各种兵器也相应地增多。当时盛行的铜兵器主要仍是戈、矛、钺、大钺和远程射击的镞等。夏王朝时期的青铜器已逐渐消失。到商代早期，青铜工具的铸造得到了较大的发展，不仅铸造技术大为提高，而且种类和数量大大增多。商代早期常见的青铜工具有斧、凿、

西周时期青铜制作工艺逐步走向成熟

商周晚期的青铜器纹饰更趋繁缛

戕、刀等。

到商代的晚期和西周早期（公元前 13 世纪—公元前 11 世纪），青铜艺术较之商周的早、中期又有了更大的进步，青铜的冶铸业作为生产力发展的标志而达到高峰。在当时的亚洲大陆上，商周的青铜艺术，是一颗光彩夺目的明珠。

西周早期的青铜器种类变化不大，纹饰风气更趋繁缛，精雕细刻，艺术上可谓精丽，而器物却多少缺乏一些生气。这时青铜器铸铭文成风，长篇铭文不断出现，有的青铜器物，铭文竟长达四百字，字体刚劲有力，线条流畅，世界上并不多见。周昭王、周穆王以后，青铜种类略有增加，铸造工艺水平不断成熟、提高。铭文水平大大提高，每篇铭文皆韵律清晰，工细典雅，笔锋劲拔而不失圆润，多为书法艺术之杰作。

商周青铜器与原始时代的陶器塑造相比，在雕琢艺术上已有很大的进步。而有关青铜器的制作过程也较为复杂。主要表现在器形和纹饰的构成上，是运用对称、连续等富有装饰性的艺术手法，用变化多样的艺术曲线、弧线，构成各种形象的浮雕、线刻。不论器形整体或纹饰部分，都显示出浑朴、庄重、精致和瑰丽的气质，但同时也具有威严、神秘的气氛，反映了奴隶主阶级的阶级意识和审美观点。但在多种多样的器形和花纹的设计制作中，也体现了身受压迫的工奴们的艺术才华和对生活的美好愿望。

商周时期青铜器讲究精雕细刻

（三）春秋战国繁荣时期

春秋晚期是初期的铁器时代，但是铁器时代的到来，并没有立即导致青铜工业的衰退。相反，由于战国时代生产技术的普遍提高，使得青铜器的铸造技术有了新的发展。大约到了战国晚期，

春秋战国时期，青铜器逐渐由礼器向实用器转变

高水平的青铜铸造业由于冶铁工业的突飞猛进而完成了历史所赋予的使命，但在产品的其他领域中，继续发挥着它的作用。

春秋战国时期青铜器发展的最大特点就是，周天子和王室、王臣的青铜器逐渐减少，青铜器作坊遍布各个诸侯国，青铜器的数量大增，质量也在战国时代又达到了新的高峰。青铜器的功用在保持其礼器地位的同时，出现了向实用器转变的趋势，使青铜器失去了神秘的光环，而开始走向市民化。

春秋战国之际的青铜器，在形制和纹饰上一改过去的风貌，纹饰由过去的粗犷

放达转为精工细雕，追求华美的艺术效果。同时用立体的圆雕作为装饰之风盛行，并且还出现了社会生活的题材，如宴饮、渔猎等浓厚的生活气息在商周时期的青铜器上都有所体现。在造型上和整体结构上，更加注重生动的形象和富有艺术性的表现手法。

（四）秦汉变革、中兴时期

秦汉时期的青铜器在某些铸造艺术上还在继续发展，并取得了重大成就。中国古代青铜艺术的余晖仍然在汉代闪耀。

秦汉时代，随着铁器的日趋推广，特别是漆器和早期瓷器的发展，青铜铸造业在手工业中已经退居次要地位，生产规模不断萎缩，比商周时期大为逊色。但秦汉

秦汉时期藏羌文化的黑陶镶嵌青铜
钉羊角罐

秦汉时期的虎符

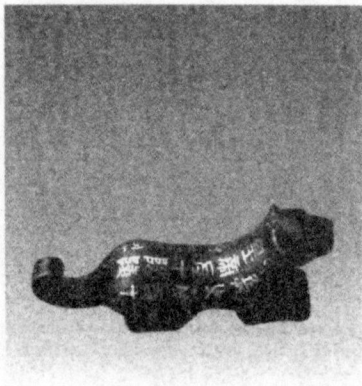

时代的青铜业技术仍很发达，产品的数量
虽然少于前朝，但质量大为提高。特别是
由于秦汉统一大帝国的建立，融合了春秋
战国以来各诸侯国和各地区的青铜铸造技
术，某些技术甚至有所突破和发展。

　　秦汉时代，由于冶铜业的发展和商品
经济的需要，使这时的青铜冶铸业在制作

青铜双耳炉纹饰线条流畅

日常生活用器等方面进一步扩大规模。因此，两汉青铜礼乐器制作的某些技术衰落了，但日常生活用器的数量则远远超过前代。并且这种生活用器渗透到社会生活的各个方面，运用非常广泛。

从艺术装饰风格来说，昔日那种凝重、诡秘、瑰丽、奇幻的装饰风格消失了，代

秦汉时期的青铜器

之而起的是一种朴拙无华、浑厚粗重的艺术风格。

这些世间罕见的青铜物品是我们的祖先留给我们的珍贵的历史文化遗产。它们已经成为我们学习历史、认识古代社会和进行爱国主义教育的宝贵资料。

二 青铜器的种类

青铜礼器

中国古代的青铜器种类很多，包括礼器、工具、乐器、兵器、日常用具、车马器、量器、各种构件以及装饰艺术品等等。青铜器在当时的使用范围很广，涉及到社会生活的各个方面。下面对这些器物作简要介绍，以便对当时的社会生活有个大致的了解。

（一）青铜礼器

青铜容器也称为礼器。随着社会经济的发展，人类文明的进步，大量铸造青铜礼器是这一时期青铜业的特点。商周时期的青铜生产部门是由王室和诸侯把持的，在当时设有专门的官员来负责掌管青铜器的生产。礼器的铸造与当时实行的礼制有着紧密的关系。礼是协调统治阶级内部关系的准则，它通过许多具体的礼仪和典章制度来体现，礼器的使用就属于这个范畴。

商周两代的统治者都十分相信天命，他们认为自己能坐上王的宝座，都是上天赐予他们的，从而也使他们的统治戴上了神灵的光环。因此，在社会生活中，上层统治者很重视祭祀活动。统治者通过祭祀来表达他们的虔诚，并祈求上天庇护他们及其后代，从而将他们的特权神圣化。祭祀时，要进行各种仪式，这时就要使用青

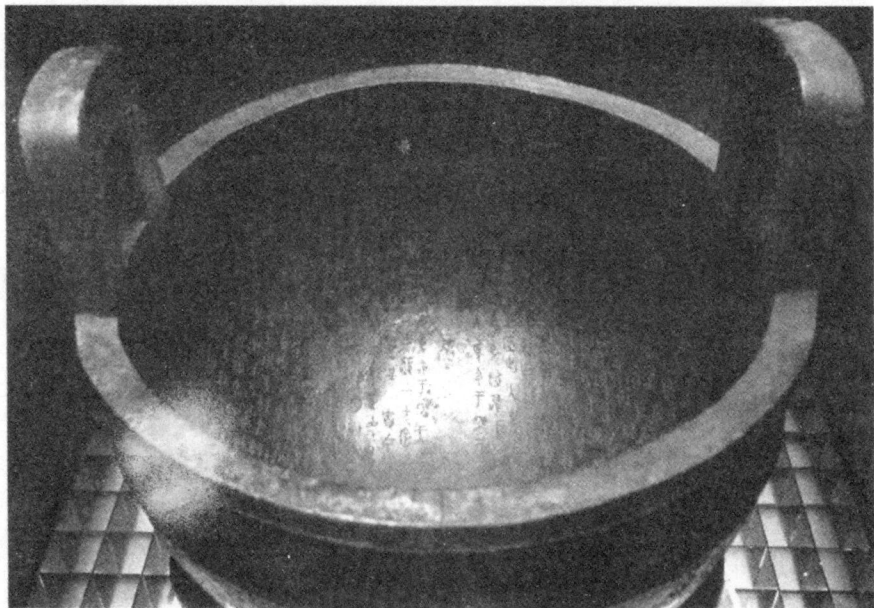

西周晚期的青铜礼器

铜铸造的各种礼器。

目前见到的商周礼器：有鼎、簋、鬲、甗、盨、簠、豆、敦、铺、爵、角、觯、觚、觥、尊、壶、卣、缶、盉、盘、匜等等。它们包括食器、酒器、水器等不同用途的器类。

中国古代青铜器，以自己独特的风格著称于世。而古青铜器中，又以青铜鼎为核心代表。这不仅因为青铜鼎在已出土的青铜器中，所占数量之多，种类之众，形态之美，更因为青铜鼎在当时社会具有奇特的功用。

早在六千年前的新石器时代晚期，长江下游的江浙一带，已用陶鼎来烧煮食物。由于青铜传热快，经久耐用，又美观大方，因此，用青铜鼎替代陶鼎，就势在必然。几乎所有的史学家都认为，青铜鼎刚问世的时候，只是供人们烹饪兼盛食的餐具。但是，在众多的青铜鼎中，留有煤炭痕迹的为数甚少。多数青铜鼎纹饰华丽，数千年之后仍然熠熠生辉，显然没有烧煮的迹象。青铜在当时的社会中属昂贵金属，用它铸鼎煮食可谓大材小用，而青铜鼎中的锡成分，根本难以接受烈火的长时间烧烤。所以许多学者认为青铜鼎根本不适宜作为长期饪煮食物的工具，最多只能作为盛放熟食的器具。

青铜礼器

既然青铜鼎不适合长时间烧煮，而且在当时社会中又是不可多得的，成千上万的贫民家庭根本不可能拥有，只能是占人口极少数的奴隶主，甚至只有王侯贵族才能用得起。于是，青铜鼎自然而然地演变为王权的象征、镇国的重宝。据《史记·夏本纪》中记载，夏禹在位时，曾令九州晋献青铜，以铸九鼎象征九州，代表天下九州都归夏王朝统治。以后，夏、商、周各代皇帝，都把九鼎奉为传国之宝，如同玉玺一样，得王位者必得九鼎。

兽面纹青铜方鼎

夏朝，青铜鼎极其稀少，自然不可能作为饪食工具为百姓所有。那么，商代和西周中期，青铜鼎广为流传以后又怎样呢？有史料证明，当时的用鼎制度有严格的规定，青铜鼎作为王家贵族宴会上的盛食器，使用的数量可谓等级森严，天子九鼎，诸侯七鼎，大夫五鼎，元士三鼎，尊卑有序，不得逾越。因此，鼎又成为奴隶主贵族、帝王将相等级制度和权力大小的标志。青铜鼎，不再是普通意义上的饪食器皿。

古代的中国人，是绝对相信人是有来生的，因此，即便死去以后，也不愿意放弃生前的特权，于是，青铜鼎又不可避免地成为皇家贵族死后的陪葬品。当然，青

青铜四足方鼎

铜鼎作为陪葬品也是有等级的，考古工作者在发掘殷墟墓葬时发现，一般情况下，中小墓陪葬的都是一具或两具青铜鼎，但是，王陵却悬殊甚大，如商代晚期的殷墟妇好墓中就出土方鼎两具、扁足方鼎两具、大小不同的圆鼎三十二具。表现等级制度的墓葬最为明显的是西周的列鼎制度。现宝鸡竹园汉西周甲一号墓，已出现大小相似、三具一组的列鼎。权贵的等级越高，墓葬中使用的鼎数就越多。东周晚期，由于社会变革剧烈，列鼎制度也逐步消失。

青铜簋

簋是古人在祭祀或宴飨时用于盛放煮熟的黍、稷、稻、梁等饭食的器具。据史书记载和考古发现，在商周奴隶社会中，簋和鼎一样，也曾作为标志贵族等级的器物。贵族们在祭祀和宴飨时，往往准备多种饭食，需要同时使用几只铜簋，少则两只，多则十二只，一般都成偶数，如四只、六只、八只等。在一些古墓中，青铜簋往往成偶数，与青铜鼎相配随葬。四簋与五鼎相配，六簋与七鼎相配，八簋与九鼎相配。

然而青铜簋的真正意义，在于它生动地记述了中国古代历史的沧桑。许多青铜簋一开始就不是为盛饭食而铸造的。西周人重视做器祭祀，称颂先人，名在功列，

青铜器的种类

青铜簋

以传子孙。佣生簋就是一本土地交易的凭证，它铸有铭文八行七十五个字，记述了西周贵族佣生与格伯，以土地三千亩交换四匹良马的过程。佣生簋如实记载了当时重要的经济史实和土地交换的法律程序，是研究西周中晚期社会经济和司法制度的可靠资料。现藏于各博物馆的青铜簋，事实上，当年用于盛食的可能一件也没有。考古学家在研究中发现，用于记载惩罚记功的青铜簋，应有尽有。簋簋用于记录武王、成王伐商，秦簋用于记载伐楚侯，布伯簋记载征伐东夷，师寰簋记载伐准夷，正所谓，青铜簋上有战火硝烟、沧桑轮换。这些青铜簋不再是膳食器具，而是数千年前世事变迁、改朝换代的见证。

　　除了饮食器的发展外，酒器在礼器中也占有相当大的数量。酒虽然不是人类生活的必需品，但却是礼仪活动中不可或缺的。饮酒礼仪要求酒具有多样性的发展。青铜酒器，正是在这种酒文化的感召之下，走上中国青铜器的大舞台，成为技压群雄的主角之一。

　　通过龙山文化遗址的发掘，人们从大量的古朴典雅的陶制酒器中发现，中国古代酒文化始于新石器时代。商周时期，酿酒业突飞猛进，与此同时，青铜酒器

出现较早的青铜酒器

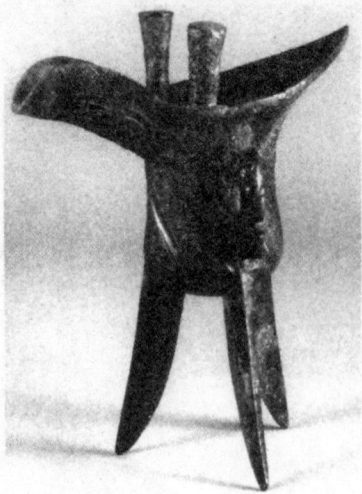

青铜酒器

也融入到酒文化中，并由此走上独立发展的道路。到春秋时期，青铜酒器已经达到相当高的水平，不仅形制精美、样式变化多端，而且普遍地铸有精美细致的纹饰和文字。

数千年后的今天，这些青铜酒器仍然令人们叹为观止。青铜酒器，也不失为一个大家族。觚、爵是它的核心，角、觯、斝、觥、尊、壶、卣、罍、缶、盉、匜等一应俱全。这些青铜酒器，按其用途大致可分为煮酒器、盛酒器和饮酒器三大类。这些大小不一、形态各异的酒器，并不是随意或突发奇想的杰作，它们在周代时就有了严格的容量规定。爵为一升，觚为二升，觯为三升，角为四升，伞为五升，壶为六升，青铜酒器这种规格，据说一直沿袭到清朝。

古时候，人们对酒器是很讲究的。自古有非器无以饮酒，饮酒之器，大小有度之说，不同身份的人，有不同规格的酒宴，自然就有不同档次的酒器。有钱人要显示自己的财富，而王家贵族，不仅要显示自己的权势，更要利用青铜酒器来标榜自己。于是，竞相聚集各路青铜冶铸和绘画雕刻的高手，集当时中华艺术之大成，来制作各种精美的酒器。青铜酒器，也因此越做

狮耳青铜酒器

越精巧，于是就有了这些琳琅满目、造型奇特、纹饰极美、作风繁缛、堪称绝品的青铜礼器。

（二）青铜生产工具

人类在发现铜金属以后，生产工具是最先铸造的器物，所以商周时期铸造的生产工具的数量应该是很多的。但是，

青铜生产工具

现在我们所能见到的、出土的青铜生产工具却很少。许多人认为这可能与铜金属可以回炉再铸的特点有关。过去也有人认为，由于青铜是贵重金属，当时的铜矿资源又很少，所以很少将它用作工具或农具。其实，这种说法是不准确的。考古发掘也证明了工具和农具是当时金属铜制造的主要对象之一。如江西新干大洋洲商代墓中出土的手工工具就有五种七十四件，农具十一种五十三件，两者共有一百二十七件之多。当时制作的工具除一般的手工工具外，还有一些特殊用途的工具。

手工工具有斧、锛、凿、锥、钻、

青铜斧

刀等等。其中不少工具的形制与近代的木工用具很相似，有的也配置成套。这些工具主要用于制作漆器、木器及加工木质器件。

斧早在旧石器时代就已经是古人常用的工具。青铜斧的功能很多，既是砍伐工具，又是狩猎、开荒工具，甚至是战场上近距离搏击时发挥威力的兵器。商周常见的小型圆刃斧，是专用于手工业的工具，而大型的平刃斧则兼用于农业。

青铜锛在农业上的用途是用来开垦荒地。它与斧的区别在于：斧是两面都经过精细的打磨而形成锋利的刃，而锛只是有一面的偏刃。青铜锛不仅用于农业，而且也是平木的主要工具，古代没有刨子，木材不是削平，就是锛平的。

青铜凿是用来进行凿孔或者挖槽的工具。就一般而言，凿体呈扁平长条形，上面略宽下面略窄，刃部有尖刃、弧刃、平刃三种，有的表面有"十"字形纹，长度在8厘米到17厘米之间。

早期先人们将文字刻在龟甲片上或者青铜器上，对青铜刻刀一类工具的使用也是很常见的。

农业工具有耒、耜、铲、镢、锸、镰、耨。其中有挖土用的工具、有耕耘用的工具、有收割谷物用的工具等等，其种类已

青铜凿

相当丰富。

　　耒是挖窖穴和开沟渠等不可缺少的挖土农器，有两个齿。原始的耒是用树杈做成的。青铜耒则是从木耒发展而来，目前发现的还不多。这种耒的木柄早就不存在了，保留下来的仅是青铜耒头。

耜是有曲柄的起土农器。耜头用青铜铸造而成，装在厚实的长形木板上。用法是用手把住耜柄，用脚把耜头插向土中，然后向下用力地按住曲柄，这样就能轻松的将土翻出来。

铲是商、周时代铲土除草用的农具。新石器时代使用骨铲，而青铜铲比骨铲有更大的优越性。它在相比之下更加的锋利，效率也更高了。如果铲子的大小重量相等，在当时的社会条件下便可以用来进行交易。后来仿制其形状而铸造成为货币，于是，"钱"字成为了货币的通称，而以"铲"字特指这种生产工具。现存的青铜

青铜铲

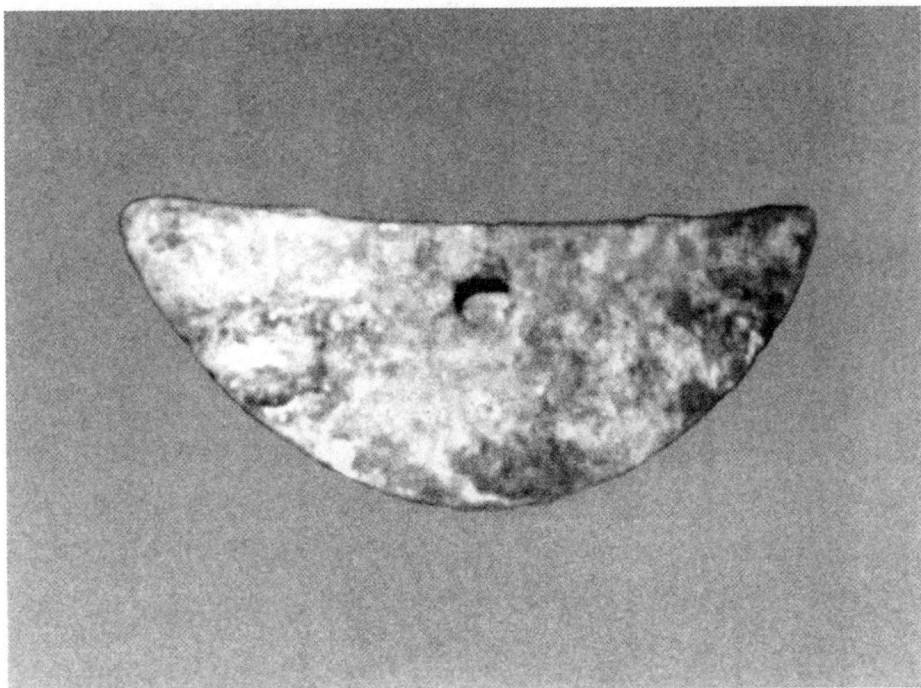

铲以西周时期的居多。

镢是挖土和除草用的农具。青铜镢在商代早期开始出现，河南郑州二里冈遗址中出土了青铜镢，长条形，双面刃，长16.5厘米，上宽5.5厘米，刃宽4厘米。郑州南关外青铜器作坊遗址中出土许多镢的陶范，说明镢这种农具已经大量地铸造了。

锸是开沟渠和做陇的农具。锸的刃口是套在木板的前端的，木板的后部连着一条柄，是属于一种装直柄用的农具。其形制和使用方法与现今的锹相似，使用时双手握住柄，用左脚踩住其

青铜农具

肩部使之插入土中，再向后扳动，将土层翻起来。

这些青铜农具的使用，对开荒种地、改良土壤和有效地收获农作物，都起到了积极的作用。从考古发掘提供的农具中可以看出，这些青铜农器的形制已经相当成熟，种类也很丰富。不少青铜农器的形制和后来的铁农具相当一致，可以看出青铜器的使用为后来铁器时代的到来奠定了基础。

（三）青铜乐器

乐器是中国古代青铜器中的重要组成部分，在礼乐制度方面，礼和乐无法分开，所以中国自古就有"礼乐之邦"的美称。商周的青铜乐器与宫廷音乐密不可分，在国家举行宴飨、祭祀、征伐等大典时，都要有乐舞相伴，并有严格的礼乐制度。因此，青铜乐器在商周礼制中占据着重要的地位。青铜乐器主要有铙、钟、钲、鼓等。

铙是目前所见的最早的青铜打击乐器。流行于商代晚期，周代初期沿用。古时在作战中指挥军队退兵时，用击铙的方式指示停止击鼓，代表退兵的号令。此外，也用于宴飨、祭祀和军乐。铙的形状好像风铃，口部呈弧形，底部安置管状木柄，使用时铙口向上，用槌来进行击打，从而发出音节。按铙的形状可分为大、小两种。小型铙主要出土于中原地区，其高度一般在25厘米以下，铙腔内的宽度多大于长度。小铙的声音清脆，不能演奏完整的曲子，是必须与其他乐器相配合的节奏性打击乐器。大型铙主要出土于长江流域以南的湖南、江苏、安徽、江西、浙江、福建、广西等省区。大铙的高度一般在30厘米以上，器体厚

青铜铙

重，柄较粗大。

钟在周代的用途极其广泛，其作为礼乐之器的地位也十分显著。钟是主要用于宗庙祭祀与宗族宴飨的乐器，同时也可以作为军队中的乐器。钟作为重要的礼乐之器，像其他青铜器一样，大多都铸造铭文以记功烈。并依照悬挂方式的不同分为甬钟和钮钟，但钮钟在春秋早期才出现。目前还没有见到商代晚期的钟，所能见到的最早的是西周早期的宝鸡竹园七号墓所出土的三件一套的编钟。作为贵族等级制度的重要表现形式，编钟的数量与悬挂方式

青铜编钟

也有等级名分的规定。天子的乐器是四面悬挂，犹如四面有墙，称之为"宫悬"；诸侯去掉南面的乐器，作东西北的三面悬挂，称之为"曲悬"；大夫则只能用于左右两面的悬挂，称之为"判悬"；士则可用于东面或阶间悬挂，称之为"特悬"。这种悬挂的方式在考古中已难觅其踪迹。目前发现的商周乐钟有数十套之多。有时一座墓中出土的有数十套乐钟。如蔡侯墓、曾侯墓等。特别是曾侯乙墓出土的六十五件铜钟的总重量达到两千五百千克，这是迄今发现的世界上最庞大、最雄伟的青铜乐器，被誉为古代世界的"第八大奇迹"。对曾侯乙墓编钟检测研究结果表明：这些编钟的每件钟体都能发出两个乐音，而且这两个乐音大多呈三度谐和音程，很有规律。说明在当时铸造过程中已经掌握了为达到某种特定的音响效果所必备的科学知识与技能，这在当时来说是一项了不起的创造。

青铜编钟

在乐器中，鼓是必不可少的。曾侯乙墓中在放置编钟的中室内就有铜制建鼓座。当时的鼓有建鼓、悬鼓及大小不等、用途各异的鼓。它们大多是木制的，在经历了两千多年之后，发现时一般都已经腐蚀了，很难看到它的全貌。1976年

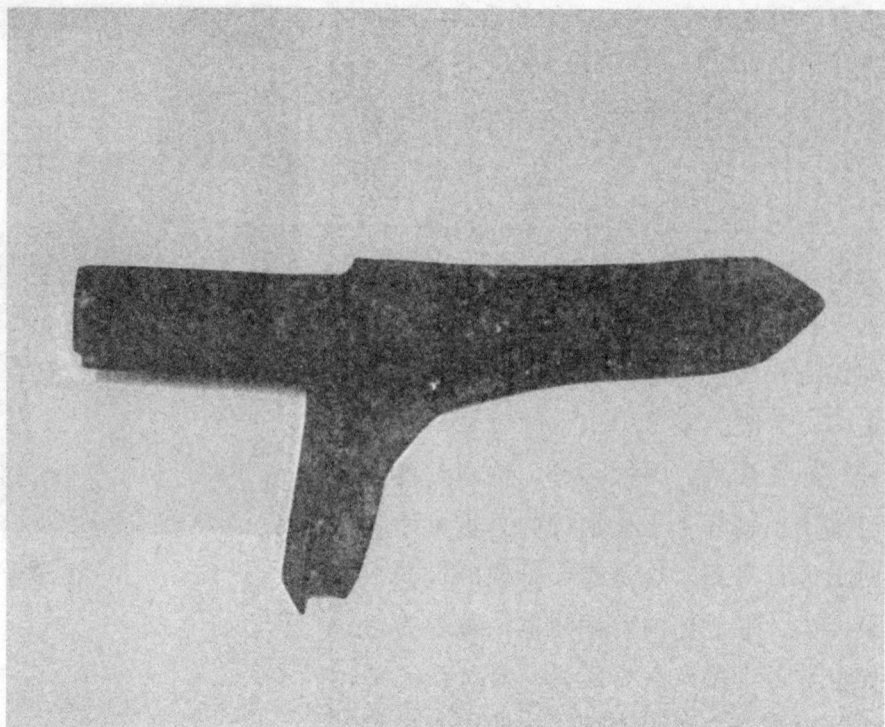

青铜兵器

在湖北崇阳出土了一件商代铜鼓，为我们了解商代工匠制作的鼓的形制提供了宝贵的素材。这件铜鼓通高 75.5 厘米，鼓面呈圆形，直径 39.2 厘米。两侧鼓面平素，但每面边缘都装饰有排列均匀整齐的乳钉三排。这件铜鼓重 42.5 千克，是目前有出土地点的钟鼓中年代最早的一件。

（四）青铜兵器

青铜兵器是青铜器中的重要器类。兵器是一种消耗品，经过长期的战争消耗，在考古发掘中，仍能发现大量的青铜兵器，由此可见，当时兵器铸造的规模之大。目前所见到的鼎盛时期的青铜兵器，质量最好的基本都具有仪仗礼仪的性质，而不是平常的战斗用器。这些兵器有的重量很重，很难拿住；有的重量很轻，但却没有锋利的刃。这些青铜兵器上有的雕刻着非常精致的花纹，有的用绿松石镶嵌出具有一定意义的纹饰。这些纹饰有的狰狞威严，有的涉及天文天象，总之，是力量和权威的象征。另外还有许多兵器朴素无华，为实战用器。

商周青铜兵器中最常见的是戈与矛这两大类。戈在夏代晚期就已出现，是沿用

寒光犹在的青铜兵器

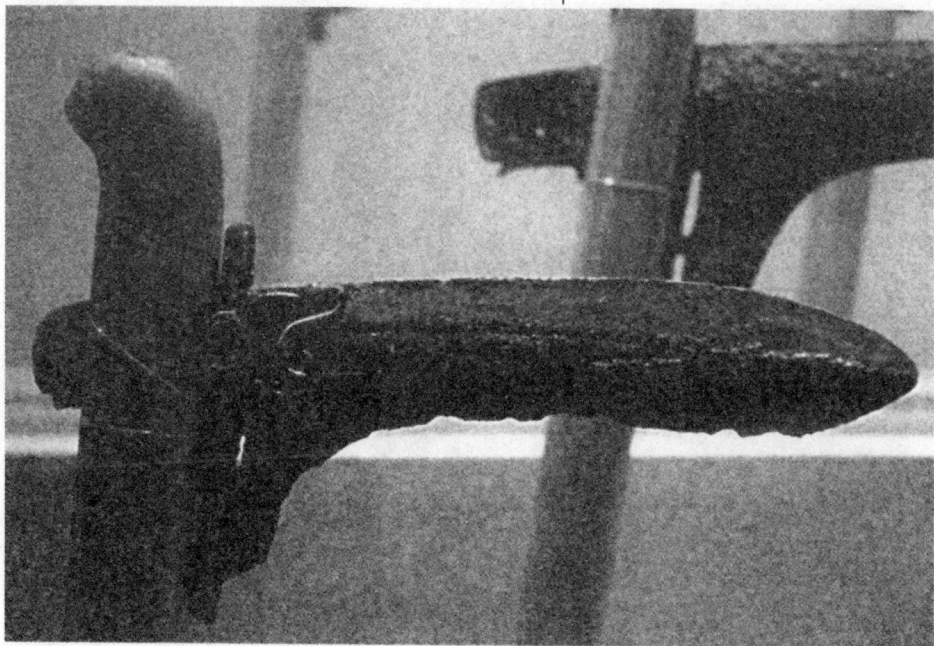

青铜器的种类

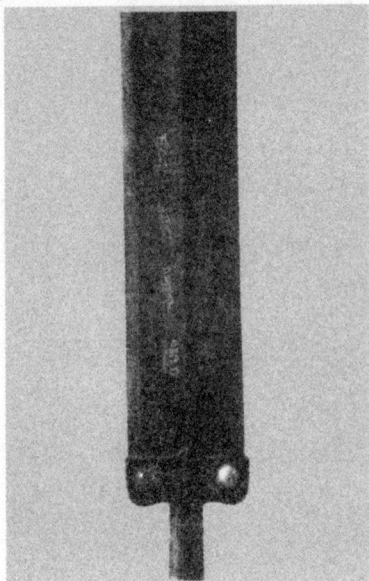

青铜剑上的铭文

历尽沧桑的青铜兵器锈迹斑斑

时间最长的兵器之一，直到战国以至秦汉仍未退出战场。戈是商代晚期最常见的武器，也是殷商墓葬中最常见的随葬品之一，如殷墟妇好墓出土九十一件青铜戈。殷墟发掘中保存最完好的一组戈是西北岗1004号墓，墓中随葬的戈共六十九件。在青铜戈中还有一些制作精美、带有铭文的戈，属于身份高贵者或高级将领的专用兵器。另外还有红铜或绿松石镶嵌的青铜戈，其功能应不属于实战兵器，而是仪仗礼器。鼎盛时期的戈的形制主要分为五种形式，每种的细部又有不同。

商代晚期的兵器以长兵器为主，这

古朴的青铜刀

与当时的军制和作战方式紧密相关。商代的作战方式是以车战为主，以步卒征伐为辅，所以长矛就成为主要的武器，以利于在车上的远距离搏杀。矛的锋刃在前，用于冲锋刺杀，因此也称作"刺兵"，与"勾兵"相对。矛在殷墓中出现的次数不如戈，但数量却超过戈，总计近千件。

随着生产力的不断提高，社会的不断进步，以及社会风气和价值观念的重大改变，形成了浓厚的好贾趋利之风，人们认为要想求富，农业不如工业，工业不如商业。因此，商业的发展极大地刺激了各种

青铜镜

官营手工业甚至私营工业的兴起，工匠们除了铸造礼器、乐器、工具和兵器外，同时还制作各种用具，这就使青铜器生产的种类进一步扩大了。

（五）青铜杂器

青铜镜是用来看自己容貌的生活日用品，也是中国青铜器中重要的一大类别。从距今四千年的齐家文化（第一面铜镜出土时期）到春秋时期，青铜镜的制作和使用已经走过了萌生和初步发展的阶段。春秋晚期和战国是中国青铜镜第一个大发展的时期，图案、纹饰、制作技术和方法都有了很大的进步。每个地区的铜镜在其共性的基础上，在样式和纹饰上又各有不同，构成了绚丽多彩的铜镜世界。从样式而言，有圆镜、方镜、单镜、套合镜等。就纹饰而言，有山字纹镜、菱形纹镜、曲折纹镜、连弧纹镜、羽翅纹镜、龙纹镜、凤纹镜、虎纹镜等等。

灯具是战国中期出现的最具时代气息的生活用具。随着新贵族生活方式的改变，照明用的器物就相应地产生，直至秦汉更加普及。战国灯具可分为三类：一为高座灯，灯的中间有可以用手来握的柄，上面有一个浅盘，用来插蜡烛或是用来盛放灯油。二为行灯，是夜间行路时用的灯具。浅圆灯盘，直口平底，盘下有三个小矮足，盘的侧旁有可以用来握的柄把。三为艺术造型灯具，工艺考究，造型多样，例如人擎灯、象形灯、鼎行灯、树行灯等。河北平山中山王墓出土的十五连盏灯，形状非常像一棵茂盛的大树，主干竖立在由三只独头双身猛虎托起的圆形灯座上，树干四周伸出七节树枝，枝上托起十五盏灯盘，高低有序，错落有致。每节树枝都可以进行拆卸，树枝上装饰着一些鸣叫的小鸟和一些顽皮戏耍的猴子，树下有两个家奴正向树上抛撒食物来逗那些猴子玩，整体看起来显得妙趣横生。此灯具被列为

雕刻有精美花纹的青铜针筒

国宝级文物。

　　带钩是古代人在腰间束皮带或丝带时使用的扣饰。它的使用方法与今日人们使用腰带的方法一样，带钩就像是腰带的铜扣，所以古墓中带钩多出自死者的腰部。带钩多用青铜制作，也有少量的金银或铁制的。它既是实用之物，同时又具有装饰意义，因此，带钩被制作成各种形状，有琵琶形、兽形、禽鸟形等等，大小也都不一样。目前所见的最早的带钩是春秋时期的。由于贵族之间互相攀比奢华，所以对佩戴带钩的制作也很讲究：有的镏金，有的包金，有的错金银，也有的镶玉或嵌红、绿、蓝等

铜烟锅

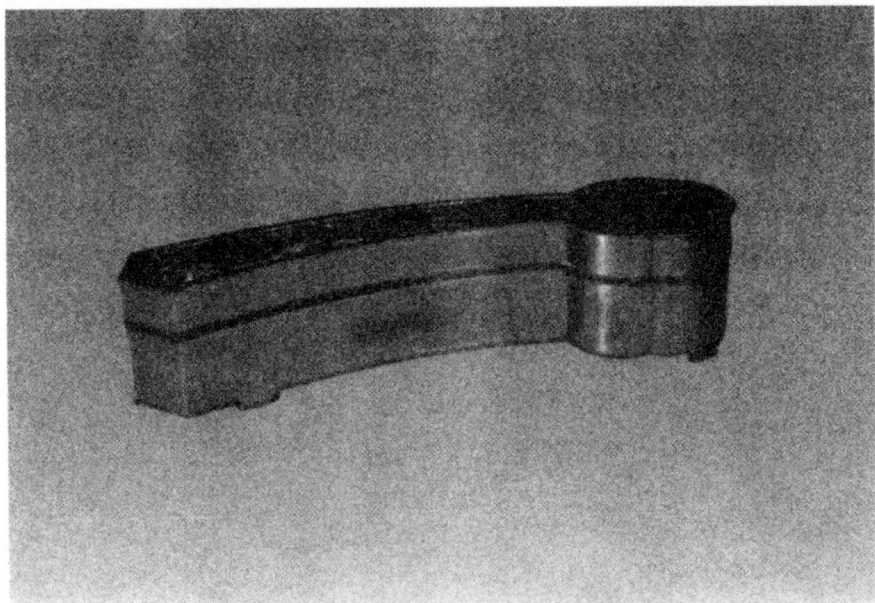

颜色的宝石。小小的带钩，做得十分精巧，一件件光彩异常。并且系腰带的带钩在春秋战国时期随着胡服从北方草原传入中原，一直沿用至明清。

春秋战国时期的建筑装饰及室内装修、陈设已达到十分奢华的程度，大量使用错金银工艺，不仅反映了贵族生活奢侈、讲究排场的新时尚，也反映出当时手工艺发展的水平及各种艺术高超的创造力。

符是君王用来传达命令或调动军队的凭证。符分成左右两半，右半放在统帅的手里，左半发给地方官吏或者放在统兵将领手中。使用时两半相合，称为"符合"，

青铜器的种类

虎符

表示命令验证可信。战国兵符多为虎形，所以又称之为"虎符"，一直延续到汉代。著名的窃符救赵的故事就表明了虎符的这一功用。战国时，秦国派兵围攻赵国的都城邯郸，赵国向魏国求救，魏国派兵前去救赵。秦国听说魏国派兵救赵一事，便派人去魏国威胁魏王，魏王屈服于秦国，下令让前去救赵的魏兵按兵不动。赵王向魏国公子信陵君写信求救。信陵君曾为魏王的宠妃如姬报了杀父之仇，信陵君请求如姬从魏王那里盗出了兵符，从而夺取了兵权，率领几万精兵，奔赴邯郸，打败了秦军，解了邯郸之围。

从这个故事当中，我们可以看到兵符在当时军事调兵上所起到的重要作用。

节是另一种由君侯颁发给国内封君通行用的凭证。战国时期，各国之间交通阻隔，关卡林立。各国先后采取了颁发青铜节的方式，作为水陆通行的证件，持有此节便可享受到在各个驿站或传舍食宿的特殊待遇，同时还可以享受到减免征税的待遇。1957年在安徽寿县出土的鄂君启节，即是战国时期楚王颁发给鄂君在域内通行的免税凭证。节有车节、舟节两种，都是用青铜制成的，出土共有四件。每件节上都有错金篆书，记载

青铜生活用具

青铜器的种类

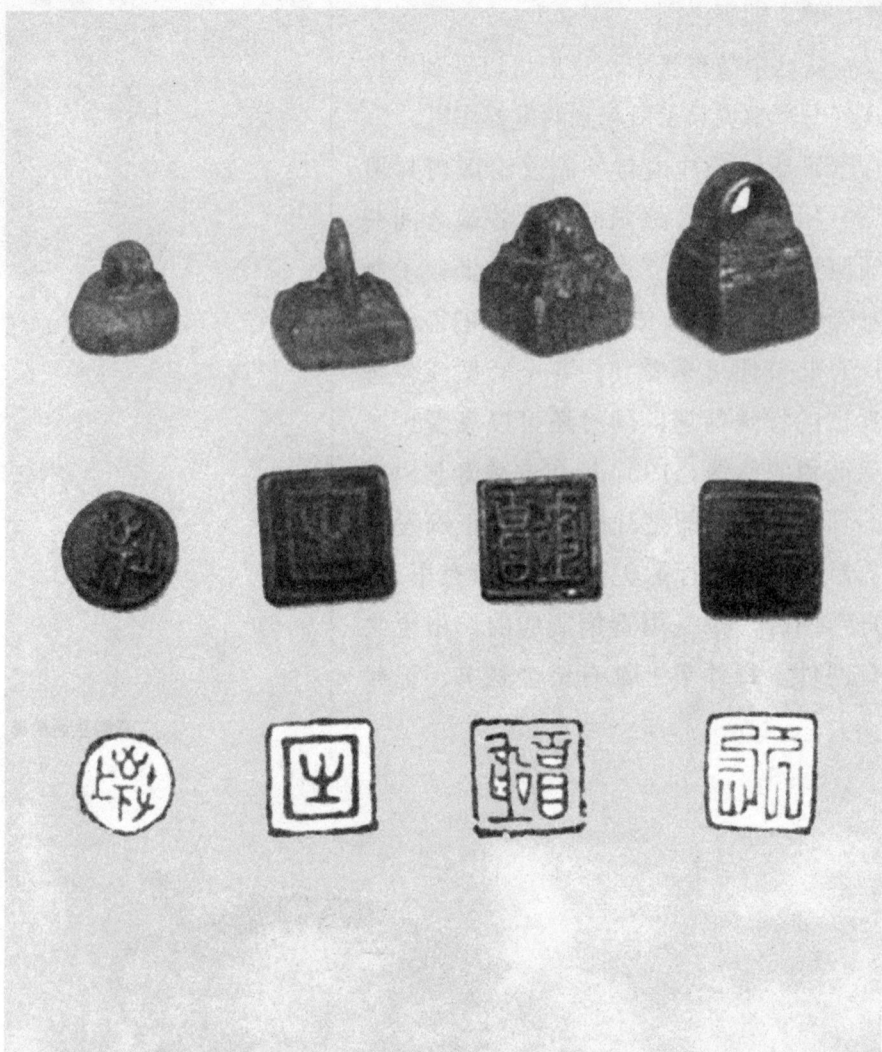

战国时期的青铜玺印

了水路和陆路从鄂至郢所经过的城邑。节的形状如竹节，长三十厘米左右，一般由五片合成一竹筒状。制作时有若干组，一组放在官府存档，一组给鄂君，其余的给各重要的关卡，以备查验对证。从铭文可知，这几件节制作于公元前 323 年。车节和舟节所记的路线不同，车节中记载从鄂到郢，沿途经过九个城邑，而水路要经过十一个城邑。在铭文中对舟和车的数量、行程期限、所经城邑以及运载货物的品种都有详细的规定。一路上沿途核对，节符合，就免税放行。

度量衡大多是以铜质为原材料的。度是关于长短的量，即长度；量是关于多少的量，即容量；衡是关于轻重的量，即重量。春秋战国时期，是度量衡从建立到逐步健全的时期，也是度量衡从各自为政到逐步统一的时期。这一时期诸侯割据，各霸一方，度量衡的标准大都在一个国度中使用，十分混乱。随着秦朝大一统局面的形成，秦始皇下令，在全国统一度量衡。

除了以上所提及到的各类器物外，青铜器还涉及了其他一些领域，例如车马器、玺印、货币等等。由此，我们可以看出，商周时代的青铜制品，在社会生活的各个方面都起到了重要的作用。而今天人们看到的青铜器具只是商周时代社会制作的青铜器的一小部分。所以，我们可以想象，中国青铜时代的盛况是何等的辉煌！

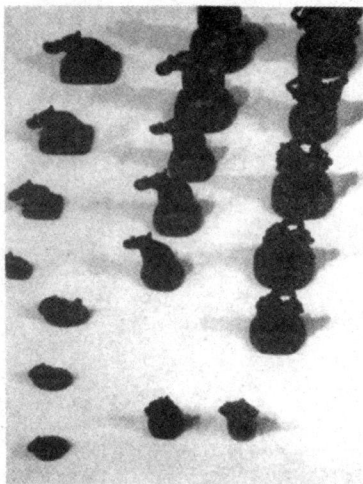

清代瑞兽码

三 青铜器的铸造工艺

中国古代对青铜器冶炼的发明和青铜器的铸造，自奴隶社会的夏代开始，中间经过商、周、春秋，到封建社会的战国、秦汉每一时期都有其各自的独特风格和特点，形成了我国青铜器完整的发展演变系统。青铜的冶炼和青铜器的铸造，是奴隶社会生产力发展水平的一个重要标志。当时手工业不但从农业中分化出来，形成了一支单独的力量，而且随着生产的逐步进步，手工业内部分工也越来越细。在严密的分工条件下，劳动人民创造了大量精美的青铜器。创造这一财富的能工巧匠，在奴隶社会为奴隶工匠，在封建社会则为手工业工人。

精巧玲珑的青铜器具

古代青铜器与司母戊方鼎

青铜器的实用性和艺术性高度和谐统一

他们在长时间的生产实践中，每一时代的青铜铸造业不仅继承了前代的传统，而且总是有所发展、有所创造，不断积累着经验。因而，每一时代的青铜器都有着与前后相承袭的关系，同时，又形成了不同时代的特征与风格。

古代劳动人民，在长期的生产实践中，熟练地掌握了采矿、炼砂、制范、熔铸等青铜冶铸的程序。青铜冶炼和青铜器铸造具体的过程是怎么样的呢？

（一）青铜的冶炼可分为三个程序

首先，选矿。古代劳动人民在生产中，为了不断改进石制生产工具，除了对石料

青铜器的铸造工艺

中国古代青铜器是人类文明的杰出成就

本身进行打磨加工以外，很重要的一点就是对石料好坏的选择，在寻找石料中发现了铜矿石，以后逐步掌握了哪些是富矿。在炼砂前，只选择那些杂质少、铜质好的铜矿石，以备熔炼。

其次，初炼。把选择好的铜矿石，进行破碎，然后与燃剂木炭一起放入坩埚或炼炉内，为了使矿石熔化，可能在坩埚或炼炉内外点火。很可能往坩埚内吹入氧气，这样可使火力燃烧得更旺。待铜矿石熔化后，将汁液倒出，扔掉炼渣，等到铜液凝固后，便可以得到粗铜。这种粗铜就是为了冶铸铜器备用的。

再次，提炼和加锡。把粗铜再放入坩埚或熔炉内，进行提炼，经过提炼后，杂质更少，铜质更纯净。根据所铸造的器物种类而加一定比例数的锡。一般来讲，工具、兵器需多加锡，其他容器则少加锡。

（二）青铜器铸造的简单工艺过程

粗铜经过提炼和加锡后，即用来熔铸铜器，但是一件完整的器物又是如何制造出来的呢？这就需要在提炼和加锡之前做好制范的准备。我国古代劳动人民很早就发明了用石范铸造铜器，近年来在江西清江商代前期遗址里，发现了很多石范，但在商周时代主要是用泥范铸造铜器。制范按其工艺先后，基本上可分为以下几步：

第一，做模子。想铸造一件什么样的器物，先用泥土做个样子作为初胎，在正式制范之前，要先做模，它是制范的基础。这种陶模又称为母型。最初的铜器一般是仿照竹、木器和陶器的样子，比如鼎、鬲、爵等都是仿陶的。因为要做的铜器上有平雕或者凸雕的花纹，因而在制模时，先在模子上画好花纹，花纹的凹入部分用刀雕刻出来，凸起来的部分用泥琢好后再加贴上去。铸造铜器的模子，在考古发现中，所见到的大多都是用泥做的，这也是铸造青铜

青铜钱模子

青铜器的雕镂技术很复杂

器的传统技艺，这种方法无论是铸造小型的还是大型的铸件，都有着良好的效果。但不宜铸造器形和雕镂复杂的器物，为了克服这一弱点，在工艺上又有了创新，春秋战国时发明了失蜡的铸造法。

第二，翻范。陶模做好后，就可以制范了。将细筛过的泥土调制和匀，拍打成平片按在陶模的外部，用力压紧，使陶模上的纹饰反印在泥片上。等泥片半干后，再按照要铸造的器物特点，将其划成若干块，划开时主要按耳、足、角、边或中线等处用刀划整齐，使每相邻的两片有三角形的卯可以密切吻合。划下来的每一泥片，将其阴干或用微火烘干，再合成一个外腔，即成为所要铸造的器物的外范。外范又称为"铸型"。

外范块数的多少，因器物种类不同而有差别，铸造工具和武器的范是用两扇单合范合成的，郑州二里冈发现的商代前期的大量的镞范，每一扇范内有五至七个排列得好像树木的叶脉一样向左右分开，因而可知镞范一次就可铸造出五至七个，或者更多。因为镞射出后是不易再收回来的，可见，当时冶铸业发展之一斑。而铸造铲、斧、矛等工具和武器，因其后端有手持木柄的孔，在铸造时就需要有内范和外范，因此采用双合范和填范的方法。容器则用三块陶范以上的多合范法，这种具有高度技巧的铸造，是奴隶们长期生产经验的结果。采用分铸法是奴隶们在处理形体较大、形制较复杂的器物方面的一项杰出发明。

铜构件的制作十分精细

青铜器的铸造工艺

钟舞模是制作青铜器的模具

第三，合范。把贴在泥模上的泥片按照一定的方法划下来后，再合拢在一起作为器物的外腔，即外范。在外范中心加一泥芯，作为内范，内范要稍稍小于外范，一般是将原来的泥模外表刮去一层，即可成为内范。外范与内范中间的空隙，为熔铸铜液处。两者的距离也就是要做器物的厚度。为使器壁厚薄均匀，常常在内外范之间设置土支钉。器物上的花纹是刻在泥模上反印在外范的内壁上的，而铭文则是反刻在内范上的，因而商周青铜器上的铭文与花纹大都是铸上去的。到春秋时代，铜器上才开始出现了刻铭，例如，春秋中叶的栾书缶，不但在器表上刻有五行四十字铭文，而且每字还嵌以金。到战国时代，铭文才普遍是铸造好后再刻字的。

第四，浇注。在浇注之前，为了防止在灌浇铜液时产生很大的胀力将拼好的范冲开，便用泥土围填外范，起到加固的作用，并留有灌浇孔和通气孔。灌浇孔有时不止一个，几个孔同时浇灌铜液可以防止铜液很快冷却，按器物种类的不同要求，将铜锡比例配合好的溶液向范内浇注，等溶液凝固，便将围填外范的泥土和内外范打碎，将铸造好的器物取出。

青铜盘子模具

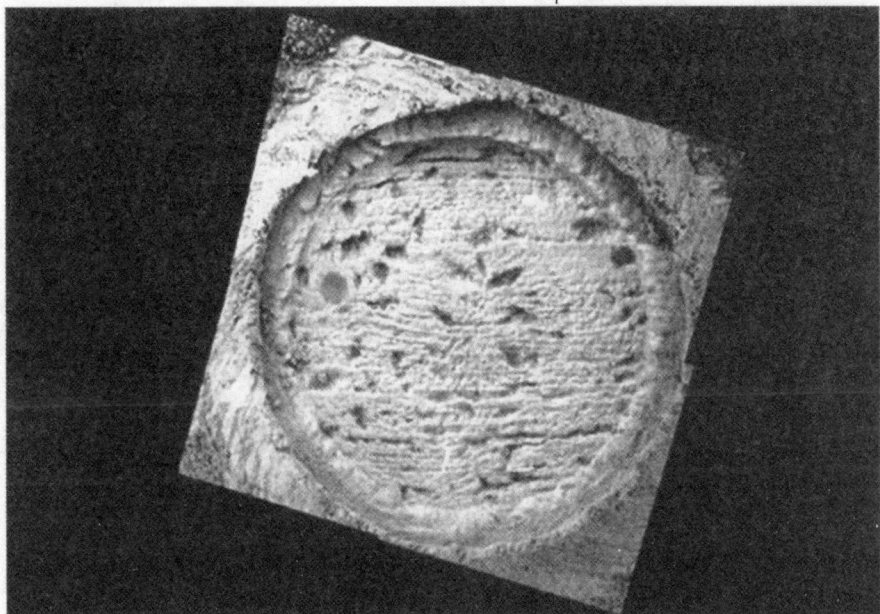

青铜器的铸造工艺

这里应该指出的是，在为数众多的商周青铜器中，有些同类器物，从表面上看似乎是用同一范铸造出来的，但仔细观察，没有任何两件在造型、花纹等方面是完全相同的。这是因为，一模做一范，一范只能做一器。

第五，打磨修整加工。器物脱范后，表面往往是粗糙的，花纹也不够清晰，只有经过打磨修理加工，才能成为一件表面光滑、花纹清晰的完好的器物。

（三）青铜器铸造的高超技艺

铸造一件青铜器，必须要经过冶炼、制范和熔铸等几道工序，缺一不可。 但

用失蜡法铸成的青铜器

古代青铜器与司母戊方鼎

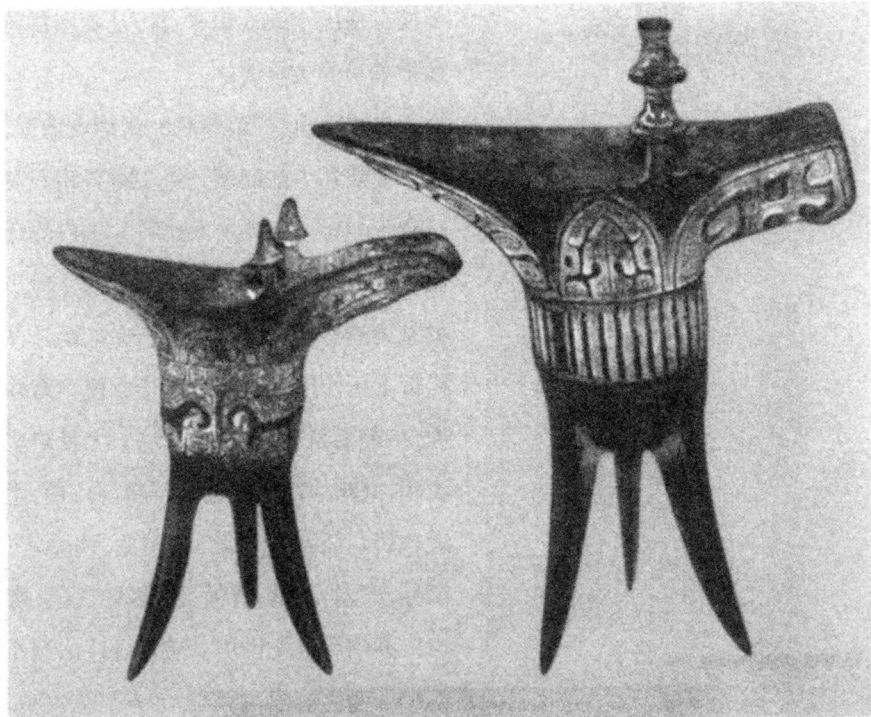

随着生产力的不断发展，青铜器的铸造技术也在不断提高。从夏代、西周时期的块范法发展到春秋时期的失蜡法、错金银法，反映了高超的铸造工艺水平。

失蜡法是一种铸造青铜等金属器物的精密方法。做法是：用蜂蜡做成铸件的模型，再用别的耐火材料填充泥芯和敷成外范。加热烘烤后，蜡模全部熔化流失，使整个铸件模型变成空壳。再往内浇灌溶液，便铸成器物。以失蜡法铸造的器物玲珑剔透，有镂空的效果。失蜡法在我国有悠久的历史，湖北随县曾侯乙墓出土的青铜尊、盘，是我国目前所知最早的失蜡铸件。

失蜡法也称"熔模法"。用地坑造型，模料由蜡和牛油配制，造型材料用石灰三合土和炭末泥，所用蜡料和铜料的比例为1∶10。金属液通过槽道浇注。对于批量大的器件，为提高工效，先把蜡片在样板上压印出花纹，再拼接成模。有些鼎、炉需要量大，宜采用此法。大量史实表明，失蜡法在中国延续不断地应用，至近代仍广泛流传于北京、山西、内蒙古、江苏、广东、云南、青海、西藏等省区。佛山、苏州等地现仍用上述

用失蜡法铸造的青铜器

传统技法制作艺术铸件。

　　错金银工艺最早始见于商周时代的青铜器，主要用于青铜器的各种器皿、车马器具及兵器等实用器物上的装饰图案。错金银是我国青铜时代一项精细工艺，但它出现比较晚，据目前掌握的资料，

失蜡法模具

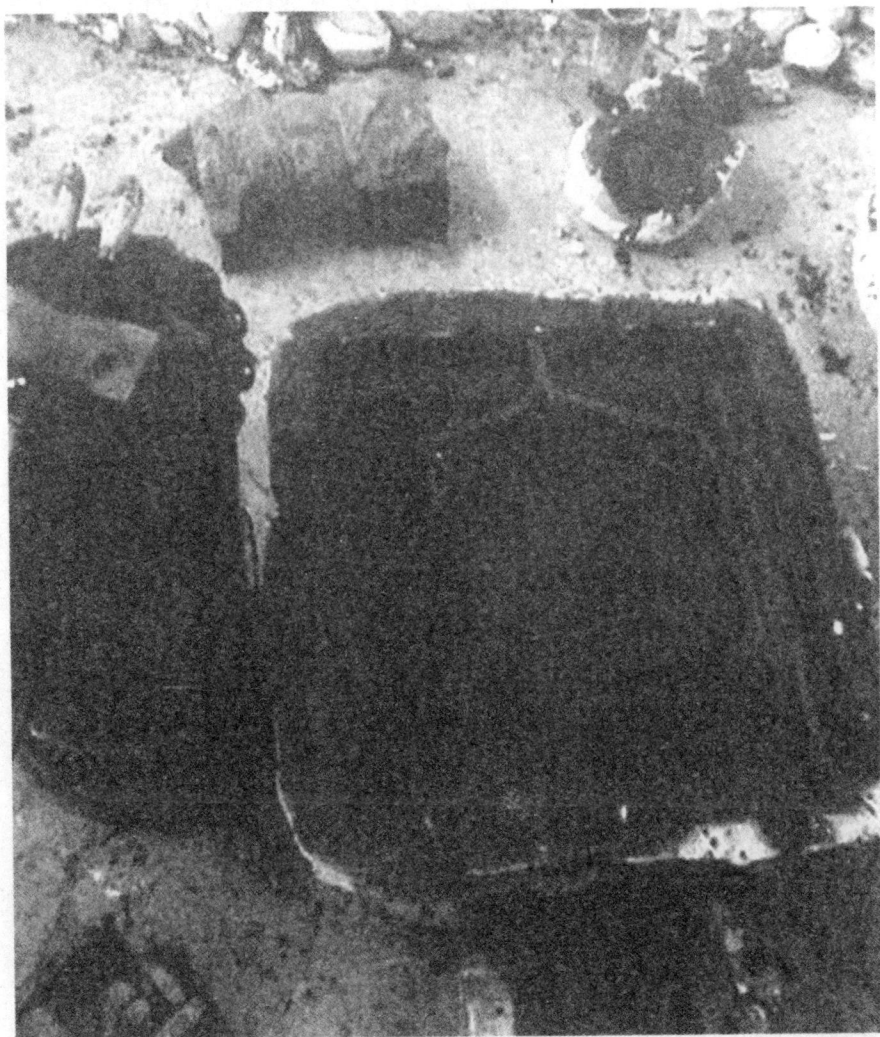

它是青铜工艺发展了一千多年以后，即到春秋中晚期才兴盛起来的。它是我国古代科学技术发展到一定阶段的产物，但它一出现，很快就受到了人们的普遍欢迎。战国两汉时期，错金银青铜器大量出现，在人们生活的各个领域中广泛流行，考古发现战国汉代的错金银青铜器数以千计。但是，"夕阳无限好，只是近黄昏"，对于中国的青铜时代来说，它只不过是一抹绚丽的晚霞。那么到底什么叫做错金银呢？

无论古代说的"金银错"，还是今天说的"错金银"，金银二字容易明白，但"错"字对一般人来说，就不是那么容易

青铜炉上典雅华丽的纹饰

古代青铜器与司母戊方鼎

理解的了。

汉代是我国错金银工艺最盛行的年代，汉代许慎的《说文解字》对"错"字的解释是："错，金涂也，从金，昔声。"这说明那时所说的金银错，就是把金银涂画于青铜器上的意思。从广义上来说，就是凡是在器物上布置金银图案的，就可以叫金银错。如用金线绣成图案花纹的背心，汉代就叫"金错绣裆"。在漆器上做金银图形的，叫"金漆错"。

我国古代在青铜器上做金银图案纹饰的方法，目前已发现的，主要有两种：

第一种是镶嵌法，又叫镂金装饰法。其制作分为四个步骤：第一步就是制作一个母范并且刻一些凹槽，这样能够使器物在铸成后，可以在凹槽内嵌金银。第二步，在铜器铸成后，铜器还需要进行进一步的加工，精细的纹饰，需要在器物的表面上用墨笔绘成纹样，凿刻浅槽，这在古代叫做"刻镂"，也叫"镂金"。第三步是镶嵌。第四步是磨错。将金丝或金片镶嵌完毕后，铜器的表面并不平整，必须用蜡石磨错，使金丝或金片与铜器表面自然平滑，达到严丝合缝的地步。

第二种是涂画法。这是汉代错金银的

青铜器上的纹饰十分精美

主要装饰手法。在现存的战国秦汉金银错铜器中，多数是用这种"金银涂"的方法制成的。

　　在这些细致工艺的加工下所打造出来的艺术精品，既有现实生活的真实写照，又有艺术的高度概括，它是中国古代文明史的重要内容，是艺术百花园中的一朵奇葩。

青铜器经过制造者的精心创作，其艺术价值远远超过了它的使用价值

古代青铜器与司母戊方鼎

四 青铜器上的纹饰

历经沧桑的青铜器

中国古代的青铜器，以其雍容华贵、气势雄浑著称于世。然而，更让人们惊叹不绝的，还是那些多姿多彩的纹饰。正是有了这些纹饰，才使古代中国人的社会、生活、宗教、信念、聪明才智流传于世，才使中国古代的青铜文化大放异彩。中华民族是一个伟大的文化之邦，有着悠久而深厚的文化积淀，考古发现证明，远在文字出现以前的新石器时代，古代的中国人就已经在陶器上装饰人面、鱼类、歌舞、植物以及几何等纹样。进入青铜时代以后，青铜纹饰便应运而生，并且日趋奇巧、细密、繁缛、复杂和高超。

青铜纹饰来源于古人的生产和生活，

青铜纹饰

因而其风格和特征也总要打上时代的印记。商代早期，粗犷的青铜铸造技术和原始的文化基础，决定着当时的青铜纹饰只能是简单、粗糙的，考古发现，仅有方格纹、绳纹和网纹等。现今所见的兽面纹、饕餮纹、涡纹、云雷纹、连珠纹和夔纹，为商代中期开始出现。但此时，纹饰通常为单层，尚无底纹刻画。商代晚期青铜冶炼技术已经炉火纯青。铸造工艺精细，范模制作精巧，雕刻技术犀利，镂刻技术娴熟，随之，青铜纹饰也迎来了一个灿烂明媚的春天。

龙纹、蚕纹、鱼纹、鳞纹、瓦纹等全

青铜器上的雕饰

新的纹样竞相登台亮相。原有的纹饰也面目一新。兽面纹的眼目由方变圆，立耳变大而方，两侧的爪变大而锋利，方鼻大口獠牙，面目狰狞恐惧。同时，原来的单层花纹变成三层花纹，底纹、粗纹、细纹三者层次分明，成为这一时期的独特风格。也许由于古人的宗教信仰发生了变化，也许由于古人对艺术的欣赏有了新的追求，西周早期的青铜纹饰，虽然仍沿袭各种虚实的动物纹样，但与商代有了明显的区别，不仅纹饰变得简洁质朴、线条流畅，而且铭文占据了主要位置。直到西周晚期，动物纹终于退居二线。

三层纹饰、对称和居中的章法也难得一见，这时环带纹、菱纹、窃曲纹、瓦纹取代了纹样的主要地位，而且纹面与器面基本平整。商朝时，人们一度追崇的凸起式粗纹几乎销声匿迹，这些图案线条粗大的蟠螭纹，以带状形式出现的蟠虺纹、绳纹、贝纹、鸟兽纹，纤巧细密，富于变化，是春秋战国时期的流行之作。从这些纹饰的画面可知，当时古人已经完全突破了多层和对称画面的款式。尤其是战国末期，反映现实生活的纹饰大量涌现，直接以狩猎、宴乐、跳舞、农耕、采桑、攻战以及几何纹、禽鸟走兽的纹样，构成生动活泼的图案。将商周时期的抽

殷墟晚期青铜纹饰

象纹转为写真的实纹，同时将错金银镶嵌松石的新工艺引入青铜纹饰，形成了前所未有、独创一格的风貌。

两汉时期，取材于现实生活中的形象越来越多，各种各样的铜灯和博山炉，原本为日常生活中的器物，却铸成动物、植物、山水、人物的形象，既栩栩如生，又富有想象力。西汉以后的铜镜纹饰图案，更有花鸟、叠峰、龙兽、鱼龟以及人物、传说、神话、故事等等，题材之新颖，构思之精巧，工艺之精湛，实在是无与伦比。中国的古青铜纹饰大多采用动物形象，都与古人的生产生活有着密切的联系。但是，也有些纹饰，如凤鸟纹、两尾龙纹、饕餮

蟠龙纹青铜敦

纹等都是古人幻想和神话中的动物。这种动物纹集现实生活中多种动物特征于一体，形成一种超越现实生活、高度抽象的动物纹样，并装饰于器物的显著位置。青铜器上的纹饰，真可谓千姿百态，令人神往。

（一）龙纹

在中国，自古就有许多关于龙的传说，有难以计数的关于龙的图腾标志。整个华夏民族，虽然谁也没有见过龙为何物，却人人以龙为荣，都把自己视作龙的传人，历代帝王也都自尊为龙的化身。龙，是古代中国人顶礼膜拜的神化形象，多姿多彩的青铜纹饰，自然不会没有龙的题材。考古资料证明，龙纹在商代早期的青铜器上就已经出现。只是，因为当时纹饰崇尚抽象，所以，龙的形象也不具体。在古人心目中，龙是蜿蜒形体驱动，其形态应该是多种多样的。这不仅有古籍的记载，更有大量考古发现的实物作证。青铜纹饰中，龙的形象变化无穷，但是，按照图案结构，主要可以分为爬行龙纹、卷体龙纹、双体龙纹、两头龙纹。爬行龙纹，顾名思义，就是龙作爬行状，为侧面形象，通常龙头张口向下，额顶有各种不同的角型，中为躯干，尾部弯曲上卷，有的有足和爪。此种龙纹，在青铜器上，多数作对称排列，角型变化与兽面纹相同，有内卷角、外卷角、曲折角、长颈鹿角、螺旋角和虎头型龙纹等，盛行于商代中晚期至西周早期。体躯卷曲的自然是卷体龙纹，此类龙纹在商末周初盛行，主要有两种形式：一是蟠龙纹，体躯环转卷成圆形，主要用于青铜盘的中心，也称盘龙纹；一是火龙纹，龙的上部作直立型，下半部卷曲成盘坐状，青铜器上的火龙纹中的龙，基本上属于这种形态。古人将那种龙体交缠的纹饰，称为交体龙纹。交体龙纹实际上就是两龙一上一下，下者上升，上者下浮，相互交缠的纹样。在青铜器

西周时期的龙纹青铜盆

战国时期的青铜三足牛首龙纹鼎

上，常以书写体×型和倒八字结构为基础，变化出各种复杂的交体龙纹，以致于发展为群龙相交缠的极其繁缛的形式。交体龙纹中，没有龙角，体躯粗壮的就称蟠螭纹，变形缩小的就称蟠蛇纹，盛行于春秋战国之际。体躯向两侧展开，是兽面纹的最大特点，龙纹也有类似的情形，即以龙首为中心，体躯向左右展开，看上去两龙共一首，因此称之为双尾龙。此种龙纹常饰于青铜器的颈部，狭长而呈带状，应该是龙的正面展开图。商代晚期到西周中期，在长颈的铜器上常常可以见到。双体共一首的称双体龙

纹，那么这种兽体两端各有一个龙首的，自然是两头龙纹，此类龙纹多数是以一条斜线或曲折线构成龙体，细看起来，可能还是两条斜角龙纹连为一体而成两个龙首，这主要应该是图案的变形现象。两头龙纹的两个龙头朝向有别，一个正面，一个侧面，体躯也有别。西周中晚期，流行这种简单的独体式。春秋中晚期，流行这种复杂的缠绕式。

数千年来，在中国关于龙的传说经久不衰，尽管其中由于历代统治者和儒家道家们的加工和神化，变得越来越神秘离奇，以致成为愚弄人民的工具。但是，人们不

凤鸟纹铜缶

会忘记，龙帮助夏君大禹治水的传说，不会忘记龙那升腾向上、威武雄壮的气概。因此，宁可信其有，决不信其无，决意要将那美好的传说传给千秋万代。

（二）凤鸟纹

在众多的青铜纹饰中，凤鸟纹恐怕是最可爱、最动人、最让人赏心悦目的。那一幅幅栩栩如生而又精美绝伦的凤羽鸟的纹饰，叫人叹为观止。凤鸟纹在晋人的著作中统称为鸟纹，因为凤纹是古人理想化的神鸟图案。因此，我们将其与其他写实的鸟类纹饰分别来进行描述。

凤纹的特点明显，这些绘有长而卷起或下垂的尾羽和高挑华丽的鸟冠的纹饰就是凤纹。凤纹虽然是虚构的鸟纹，但是与现实中的孔雀很相像，所以不可能在崇尚抽象纹饰的商代早中期出现。四羊方尊上的凤纹，为商代晚期前端的纹饰，非常罕见，但只起陪衬作用。作为主纹饰的凤纹，应是在商代晚期才出现。西周早期到中期，被许多学者称之为凤纹时代，此时青铜器上的凤纹比比皆是。龙凤纹爵、凤鸟纹方觥、凤纹觯、凤纹鼎、凤纹卣、凤纹筒型卣等，真可谓饰遍当时的主要青铜器。凤鸟是古人眼中的吉祥鸟，用凤纹来赞美当时正处于上升阶段的西周社会，应该是情理之中的事情。与龙纹一样，凤纹的变化也是很多的。晋人以凤冠为标志，将凤纹分为多齿冠凤纹、长冠凤纹和花冠凤纹三种形式。

多齿冠凤纹，盛行于商末周初，冠作锯状，宽尾下垂，装饰华丽，可惜遗存的实物中很少见到。长冠凤纹，可谓美不胜收，唯一的长冠垂于颈后，尖端向上或向下卷曲，凤眼圆睁，凤爪锋利，凤翅强壮，凤尾伸展，凤羽飘逸，活像行进中的孔雀。

相比之下，花冠凤纹更是精美绝伦。

凤鸟纹爵

凤冠用华丽的绶带装饰，冠上有长羽飘举或飘垂于胸前，或垂至足部，凤翅成弧形上翘，向内弯曲成方形，由此延伸出丰满的凤翼。这种纹饰远看就像是一只得胜凯旋的大公鸡，雄赳赳、气昂昂。

青铜器上的凤纹，情态生动，具有难以形容的豪华和绚丽的艺术效果。然而鸟纹也毫不逊色，那些多姿多彩的鸟纹，鸟尾闭合成弯钩型，与凤尾相似，但更为突出。鸟纹有弯角、长角和尖角等不同的式样。弯角鸟纹，在鸟的脑后有一弯角，角跟较宽，向下弯曲，角尖向上，此类鸟纹在商末周初盛行。长角鸟纹的鸟头上，有长颈鹿一样的角，与

凤鸟纹青铜器

古代青铜器与司母戊方鼎

圈足饰凤鸟纹虎纹铜尊

兽面纹中的长颈鹿角形相同，只是安置的方向不同。尖角鸟纹的鸟角粗大，上端尖锐如尖耳状，鸟纹没有凤纹具体，大多只是一个禽体的外形，没有羽翅，与鸟首龙体相类似。鸟纹通行于商及西周，通常商代鸟纹的鸟，身体短而垂尾，西周鸟纹的鸟，身长而尾部上卷。

在青铜器鸟纹中，除了这些抽象而常见的鸟纹以外，还有一种被称为鸱鸮的鸟纹也特别引人瞩目。鸱鸮纹主要流行于商代中晚期，多为鸱鸮的正面图形。一双神秘的大眼睛，几乎占了画面的三分之一。有的头上长一对毛角，有的只有头部和两翼。考古出土的妇好鸮尊，本身已是一只

战国时期的兽面纹青铜器

造型典雅凝重的鹗鸟，而在它的尾部錾下，又雕刻了一只振翅欲飞的鹗鸟，圆眼尖慧，双足内曲，两翼平展，欲动欲静，使得凝重的鹗尊平添了无限的生机。鸱鹗纹饰的题材既有立鸟也有兽面，异常繁复，富有浓烈的神秘色彩。鸱鹗，俗称猫头鹰，在相当长的一段时间里，鸱鹗在人们的心目中是不祥之物，那么，商代的古人为什么把鸱鹗作为神鸟来崇拜呢？也许，这也是一个千古之谜。

（三）兽面纹

在商代和西周早期的青铜器纹饰中，盛行一种巨目凝视，大口獠牙，长有犄角利爪，令人望而生畏的纹饰，这就是兽面纹图案，兽面纹旧称饕餮纹，据古文献记载，兽面纹是古代传说中一种贪食的凶兽——饕餮的面型。宋人也将青铜器上表现这种神秘怪兽的头部或以其头部为主的纹饰，称为"饕餮"纹。那些青铜鼎、簋、鬲、甗、壶、角、觯、觚、爵、尊、盂、卣、钺、铙上的主题纹饰都是兽面纹，可见，兽面纹是青铜器纹饰中的一大类。

它们以鼻梁为中线，两侧作对称排列，上端为角，角下是目，然后展现各种各样的图案。和中国青铜器一样，兽面纹也经

兽面纹青铜方鼎

兽面纹青铜胄

历了一个漫长的演变过程。商代早期的兽面纹，画面用横条或直条的复线或单线，末端成钩曲型的条纹构成，并延伸出简单的回纹。体躯是象征性的，尾端上下弯曲，左右分开。商代中期的兽面纹，兽目相当突出，炯炯有神，一改早期用粗线条构图的习惯，大量使用回曲型的雷纹和并列的乳状纹构图，给人以神秘和恐惧之感。

商代晚期以后至西周早期，社会动荡不安，战事连绵不断，为了显示奴隶主阶级的等级森严和尊贵，兽面纹被大量使用，而且，形式多变，有形象具体的，有肢体省略的，也有变形的。形象具体的兽面纹，角的部位扩大，兽目相对缩小，脸颊和额顶、腿、爪、体躯等均用平雕或浮雕，兽面整体突出，富有强烈的立体效果，更显得阴森恐怖。形象具体的兽面，是商晚期最常见的，这种只留平雕或浮雕的兽面，或者只保留角、目、耳、爪，或者只表现一对兽目的为体解兽面纹，那种只表现象征性大兽目的为变形兽面纹。

兽面纹铙

商晚周初的兽面纹最为发达，兽角的变化也最多。现在有的学者常以兽角的形状来区别兽面纹的种类。那种兽角作半环型，中间有一柱与兽额顶相连的，叫环柱角型兽面纹。那种角根横向，角尖上翘而内卷，与实际的牛角相似，虽然有的有利爪和长獠牙，但仍被认定是牛角型兽面纹。那种看似牛角却回纹多转的，称为外卷角兽面纹。那种角根在下，向上曲折而下，再向外弯曲上翘，弯曲处成方折型的叫曲折型兽面纹。

但凡有角型的兽面纹，都属商周时期的。为什么古人要在兽面纹的角上大做文章呢？从宗教信仰角度看，应该是动物崇拜观念在艺术上的反映。变形兽面纹，除了兽以外，兽角只是象征性的纹样，其余部位都不作具体描绘，只是从整体看，还依稀可见兽面纹的特征。西周中晚期的兽面纹，有的呈环带型，所以容易和窃曲纹相混淆。

兽面在西周晚期已经完全衰落，至春秋早期，也难得一见。然而，在春秋晚期和战国初期的一些青铜钟的鼓部，又重新出现了兽面纹构图。兽面纹毕竟是带有奴隶主贵族色彩的纹样，随着封建社会的建立和发展，最终被富有生气、栩栩如生的动物纹所代替。

（四）动物纹

在中国古代青铜器纹饰中，动物纹样占有很重要的地位。青铜礼器在当时用于祭祀仪式，而且在主人死后一起埋葬，因此，将各种各样的动物和动物身体艺术化，成为青铜礼器的装饰主题，从而这些青铜器在宗教上和仪式上所具有的意义，是可以理解的。考古学家分析了从商代到战国的青铜器装饰纹样，把青铜器上的动物性花纹分为两大类：一类是在神话世界提到，而自然界并不存在的动物禽兽。它们或被夸张，或为图案化的抽象动物，如饕餮、龙、夔、凤、怪兽等，在祭祀中被视作神奇力量，扮演成沟通天地，或能呼风唤雨，或能上天入地，或能征服鬼神，或能延年益

商代兽面纹青铜方彝

寿得道成仙的祝兽。另一类，是可以识别的，在现实生活中看得见、摸得着的写实性动物纹饰，包括猪、羊、牛、马、鸡、鸭、虎、蛇、鱼、龟、鹿、象、蚕等等，他们被如实地雕、刻、铸在青铜器上。写真动物纹伴随着整个青铜时代，各个时期的青铜器上均有出现。其中，最为引人注目的，应该是那种张着大口，卷着长尾，咆哮着作行走状的虎纹。虎纹，总是以活动状态出现在青铜器上。安徽阜阳出土的龙虎尊，肩部就有一虎，虎口中还咬着一个怪人。著名的虎食人卣，整个形象作猛虎踞尊形，前爪猎住一似人非人的怪物，这些虎所食之人，应该是鬼怪，不是常人。

商代早期青铜鸟柱龟鱼纹盆

这类虎纹，商代晚期非常流行，现在遗留下来的实器也很多。上海博物馆收藏的四虎钟、四虎龙纹豆、龙虎钟、虎纹戈和虎形矢等铜器，件件装饰有虎纹。有人说，这是借虎吓人；有人说，这是为了辟邪；还有人说，这是为了达到天与地、人与神之间的沟通。青铜器上的虎纹之谜一时还难以完全探索清楚。

蛇纹，也是古人在青铜器纹饰中的常用题材。蛇是一种软体动物，青铜器上的蛇纹，头部较大，有一双突出的眼，体躯曲折，尾部上翘，通身有鳞节，与自然界中的眼镜蛇很相像。

形象的蛇纹出现在商代中期，大多作对称排列成带状，但不作主题纹使用。西周中晚期，很少使用蛇纹。春秋战国时，再度盛行。蟠蛇纹盉、蟠蛇纹敦、蟠蛇纹鼎、蟠虺纹虎、蟠虺纹提链壶、蟠虺纹鬲、蟠虺纹敦等等，真是不胜枚举。但此时的蛇纹，结构自由，个体精小，有的体躯卷曲，或成交连状，演变为卷体龙纹和交体龙纹。

春秋时期的动物纹青铜器

青铜器上的纹饰

战国时期的青铜三牲鼎

中原地区是鱼米之乡。鱼，自古就是人们的主要副食品，青铜器上自然少不了鱼纹。从传世和发掘的铜器看，鱼纹均作侧面游动状，与鲤鱼十分相像。鱼纹多数装饰在盘上，使用范围不大，却是延续了整个青铜时期。

金蝉能歌擅唱，既能预报天气，又是美味佳肴，古人自然喜欢。蝉纹成三角形，横竖均可安置，在商末周初盛行，通常直置在鼎的腹部、壶的圈足或卣的提梁。南京博物院收藏的蝉纹壶，西周成王时的宝卣，都有这种蝉纹。

蛙，是治虫能手。在古代农业社会中，蛙是人类最友好的助手和朋友之一。古人当然不会忘记将它们的形象也铸造在青铜器上。那些蛙纹简直与跳起捉虫前的青蛙没有两样。蛙纹用得不多，但是从商代直到春秋战国时期均有出现。有人说，蛙纹只饰在盛食器上，可上海博物馆收藏的铜鼓，却因为饰有蛙纹而被称为蛙式鼓。可见，在蛙纹盛行的商周时期，蛙纹的使用范围应该是比较广泛的。

战国时期的青铜蟠螭罍

（五）兽体变形纹

在古代的青铜器纹饰中，还有花纹甚是奇绝。它既不是抽象完整的兽纹，也不是完全写真的兽纹，而只是象征性地展示兽体的某个部位。考古学家将这种形式的花纹称为兽体变形纹。兽体变形纹在商代早期就已经出现。商早期的兽面纹，除兽目以外，其余条纹并不具体表现物象的各个部位，全是变形纹样。商晚期的兽面形象比较具体，但兽体变形的纹饰仍然存在。西周中期，传统的兽纹发生了剧烈的变形，这时，连兽目纹都已退化。春秋时期，大量写实纹饰出现，象形纹也并未完全消失。变形蟠龙纹鼎、变形龙纹盘、变形交龙纹

商代酒器青铜兽面卣

盘、变形兽面纹钲、变形龙纹盂等等，都是这个时期的制器。战国时期的兽体变形纹进一步发展，蟠龙纹、兽目纹也进一步蜕变。

兽体变形纹，自商到春秋战国以后不断出现，而且越变越离谱，最后变成似乎与兽毫不相干的图案。他们有的呈鸟兽合体，有的呈兽目交连，现实世界中根本找不到与图案相同的实体。

在商末周初就有一种变形纹，一段曲折形的体躯，一端为龙头，一端为鸟头，如上海博物馆收藏的鸟兽纹贯耳壶、鸟兽

兽变形纹青铜器

龙纹壶等，考古界将这种纹饰命名为鸟兽合体变形纹。鸟兽合体变形纹，多少还能辨别鸟和兽的特征。可是那种兽目交连纹仅留下兽与兽之间一目的连接，仔细看来似乎有两兽的头部和尾部相连接，连接处有一目纹。

在众多的变形纹饰中，这种由动物躯体组成的纹饰堪称奇绝。设计者干脆将动物的整个头部都省去，躯体也随着图案的变化而变形，成为波曲纹、鳞纹、交叶纹、鱼翅纹。波曲纹形似波浪，波谷中会有兽面或兽面形纹，波峰之间填以龙纹、鸟纹或鳞片及其他简单的线条。

西周孝王时代的大克鼎、西周宣王

时代的宋壶，都在腹部或颈部装饰有这种波曲纹。波曲纹旧称环带纹，为西周到春秋早期青铜饪食器和酒器上的主要纹饰之一。

西周到春秋战国时期盛行的另一种纹饰叫鳞纹。鳞纹以龙鳞为标本，排列成连续式、重叠式和并列式三种形式。连续式是用完全相同的鳞片按纵向交错排列，铺开一个很大的面。重叠式如同鱼鳞的排列方式，也是纵向铺开成面。连续式和重叠式鳞纹均可作为主纹，一般装饰在器物的腹部。

鳞纹是西周到春秋战国时期经久不

兽变形纹青铜器

东汉时期的错金银牛形铜扣

衰的一种纹饰。春秋战国时期的鳞纹铜器，有的鳞纹纵向排列，有的重叠排列，有的并列成行，有的整齐有序，美丽大方。

在春秋战国之际盛行一种名叫兽体卷曲的纹饰，这种纹饰图案和蟠螭纹十分相似。每个图案的个体都是一个弯曲的线条，有的呈 C 形，有的呈 S 形，也有的呈横向 S 形，看上去既像相互缠绕的小蛇，又像是卷曲回首的小龙，但却首尾不分。

精美纷呈的兽体变形纹以其精湛的工艺和奇特的构思，在青铜器纹饰中留下了辉煌的一笔。

（六）几何纹

在各种各样的青铜纹饰中，不仅有这些多姿多彩、令人目不暇接的动物纹，更有这些以点、线、圈为基础，运线求精，结构严谨，千变万化，风格独特的几何纹。

几何纹是一种几何图案，是以点、线、圈为基本要素，按特定规律组合而成的纹饰。这种纹饰早在原始社会的陶器上就已经出现，在青铜器上的应用极为广泛。夏商时代的青铜器上，几何纹应有尽有。盛行一时的龙纹衰退以后，几何纹更是如鱼得水，一举成为主体纹饰。

连珠纹、弦纹、直条纹、横条纹、斜条纹、乳钉纹、云雷纹、百乳雷纹、曲折雷纹、勾镰雷纹、三角雷纹、网纹、绳纹、涡纹等各种形式的纹饰图案如雨后春笋，层出不穷。点、线、圈是一切构图的最基本要素。几何纹中最简单的纹饰，就是这种类似圆点而凸起的乳钉纹。乳钉纹早在夏末商初，就已经被广泛地装饰于青铜器上，如乳钉纹爵、乳钉纹角等都有成行或成方正的乳钉纹饰。

除了乳钉纹外，几何纹最简单的要数那些由一个个小圆圈组成的圈带纹，或称

几何纹青铜器

错银几何纹青铜扁壶

连珠纹。

与圆圈相联系的另一种纹饰是涡纹。涡纹，近似水涡，青铜器上最早的涡纹，出现在二里头文化的斝腹部，形式比较原始，只有圆形，没有旋转的弧线。商代早期，涡纹使用已经很普遍。商晚周初，涡纹常装饰在鼎和簋的腹部。涡纹尽管变化不大，但从夏商开始到战国从未间断过。涡纹常与其他纹饰配合使用，如龙纹、四半目纹、雷纹等，形成各种各样华丽的纹饰。

由不同形式的线条组成的线条纹不计其数，其中最为繁复的是那种由连续回形

线条组成的几何图形——云雷纹，有时单独出现在器物的颈部或足部，但多数为底纹，起烘托主题的作用。

云雷纹从夏末开始一直沿用，经久不衰。尤其是雷纹，不仅独自出现在器物上，还衍生出呈波浪形的曲折雷纹、呈山字形的勾镰雷纹和三角雷纹，且构图严谨，富丽堂皇。

古人将雷纹与乳钉纹巧妙地组合在一起，创造了一种全新的纹饰，这就是百乳雷纹。百乳雷纹，也称斜方格雷乳纹，是鼎、簋、罍的腹部常见的主要纹饰。此纹图案成斜方格式，中间黑色凸点为

出现最早的青铜器纹饰

乳钉纹，四边为雷纹，盛行于商代中晚期到西周早期。

以线条组合成纹的还有陶纹和鹿纹，晋人将旧称的陶纹、鹿纹统称为绳纹。绳纹外表与现实生活中使用的绳子完全相同，由两根以上单线交织而成，大多用于酒器或水器上，为春秋战国时期特有的纹饰。

以点、线、圈为要素的几何纹，可谓千变万化。古人以既写实又概括的艺术手法创造出刻画精美、绚丽多姿的几何图案，不仅极大地丰富了青铜艺术宝库，而且为整部中华美术发展史写下了不朽的篇章。

五　青铜器的典型代表作——司母戊方鼎

青铜鼎

司母戊方鼎是我国商代青铜器的代表作，是光耀青史的华夏青铜文化发展到鼎盛时期的产物，堪称中华青铜器之最。该方鼎厚重典雅，气势恢弘，通高133厘米，口长110厘米，宽78厘米，足高46厘米，壁厚6厘米。关于其重量，世上流行的数字是875公斤，但据近年中国历史博物馆会同中国计量科学研究院，对其进行标准计量测试的结果是，该鼎实重832.84公斤。

司母戊方鼎立耳，长方形腹，四柱，足中空。纹饰以云雷纹为底纹，耳的外廓饰一对虎纹，虎口相向，中有一人头，好像被虎所吞噬。耳的侧缘饰鱼纹。鼎腹上下均饰以夔纹带构成的方框，两夔相对，中间以短扉棱相隔。鼎腹四隅皆饰扉棱，以扉棱为中心，有三组兽面纹，上端为牛首纹，下端为饕餮纹。足部饰兽面纹，下有三道弦纹。司母戊方鼎，纹饰美观，朴素庄重，不愧为一件艺术精品。

在大鼎腹壁内有"司母戊"铭文，也有人释作"后母戊"。因此，一般认为此鼎是商王为祭祀他的母亲戊而铸造的，"司"当为职司、官司、典司；当然，也有人认为这只是一个氏族的名称；还有人将"司"释为"祠"，祠也是祭祀的意思；或是将"司"释为王后的"后"，至于"母戊"究竟是谁，现在还没有定论。商王之所以在鼎上铸饕餮纹，其目的就是希望他的母亲在天之灵能够作威作福、丰衣足食。

1928年至1937年，当时的中央研究院历史组，曾对殷墟进行了多次发掘。通过多年的调查与科学发掘的大量现场资料证实，从盘庚迁都至商末，武官村是商晚期王陵的所在地。

事情要追溯到1889年。当时，著名文字学家王懿荣先生在被称之为龙骨的中药上发现了契刻文字，并同时证实了其为商代甲骨文。这一重大发现使怀着

刻有"寿"字铭文的青铜鼎

青铜器的典型代表作——司母戊方鼎

不同目的的人们，对这片古都遗址产生了强烈的兴趣。就在中央研究院历史所考古组对殷墟进行科学发掘的同时，当地村民也在这片地区开始了掘宝的行当。虽然政府也三令五申禁止掘宝，仍无济于事。

当地村民在掘宝的过程中有一条规定，探宝不分地界，不管在谁家地界探出宝物，地主应获得所得的百分之五十，另加一股，而且要尽地主之谊，发掘时的费用由其支出。所有参加发掘者各拿一股。

1939年3月的一天，武官村村民吴希增，利用春耕前的闲暇时机，打着采集中药田七的幌子来到吴培文家的祖坟地里

司母戊方鼎是我国商代青铜器的代表作

古代青铜器与司母戊方鼎

108

殷墟大司母戊方鼎

探宝。当探杆探到十几米处时，突然，感觉触及到一个硬物，探铲不再向下延伸了。将探铲取出来观看，坚硬的探铲竟然卷了刃。他惊喜万分，暗自思忖：若是铁器，探铲上未见铁锈；若是陶器，它不会使探铲卷刃；若是青铜器，又没有见到绿铜锈……一时间，富有探宝经验的吴希增也丈二和尚摸不到头脑了，是不是探到金银了。带着喜悦与兴奋，他一路小跑来到吴培文的家中，兴冲冲地向吴报喜，并绘声绘色地叙述了探宝的经过并商议将宝物发掘出来。事不宜迟，就在当天夜里，他们找了七八个人，趁着朦胧的月色，悄悄地来到吴培文家

青铜器的典型代表作——司母戊方鼎

的祖坟地里，众人先用铁锹挖开了一个宽二尺，长六七尺左右的长方坑，用抓钩子往下刨土，井口上安着辘轳往上吊土。就这样，连挖带刨两个多小时，当挖到十三四米处时大鼎的鼎身呈现在众人面前。望着这个庞然大物，村民们一时不知所措了，器物这样大，坑口开得又那样小，根本无法将它取出。这时东方已经泛白，村民便匆匆将洞口掩埋住，返回村中。次日夜晚，又召集了三四十人，当地区公所知道此事后，也派了两个排的兵力，在离发掘现场 50 米处设了岗。村民们在原坑的基础上扩展，挖了个 2.5 米见方的大坑。挖掘至午夜时分，司母

殷墟司母戊方鼎

古代青铜器与司母戊方鼎

戊方鼎的全面目展露出来，只见它口置东北，柱足西南，一耳冲上，斜立在泥水之中。村民们见状喜不自胜，他们用旧井绳栓住鼎耳使劲往上拉，但由于司母戊鼎重量太大，况且又浸泡在泥土之中，尽管村民们想尽各种办法，齐心协力往上拉，但是，司母戊鼎在泥水中却纹丝不动。接下来，村民们又将三条麻绳分别拴在鼎耳、鼎足上继续向上拉，结果在拉至离地面六七米时麻绳断裂，司母戊方鼎訇然一声又跌入深坑。这时又是曙色微露，村民们只好将司母戊方鼎再次埋入泥土中。第三天，当夜幕刚刚降临时，吴培文等拿着从县里买来的

司母戊方鼎纹饰美观，无愧艺术精品

三条新井绳，村民们抬着早已准备好的檩条、大梁等家什在坑口搭了一个三角架。将新置办的麻绳一头拴在鼎耳处，另一头分别拴在鼎足上。村民们分成两班人马，先撬起鼎的一端用土将其填实后，再撬起另一端。一直干到次日凌晨五点钟才将司母戊方鼎从十几米深处的泥水中拉了出来。

司母戊方鼎出土后，人们才发现埋在底部那侧的鼎耳不在器物上，村民们又下去在坑内四周延伸数米寻觅，仍未见。再仔细观察鼎身与鼎耳衔接处是旧碴口后也只好做罢。众村民费了九牛二虎之力将粘满泥土的司母戊方鼎放在由三头骡子架着的铁轮马车上，从发掘现场运到吴培文家中，安置在吴家的粪坑内。当日吴宅门庭若市，亲朋好友众乡邻等都来观看此宝。吴家祖坟地里发掘出稀世珍宝的消息也就不胫而走。当地古玩商们也纷纷登门，目睹司母戊方鼎的风采。

就在司母戊鼎出土后一个月的一天，北京城最大的古玩商萧寅卿随身带着两个保镖，乘专车来到武官村，请求看宝。吴培文征得众股东的同意后，于当天夜里将萧寅卿带到司母戊方鼎的存放处，当司母戊方鼎呈现在他眼前时，萧寅卿倒吸了一口气，久久地伫立在司母戊方鼎旁，细细观看起来。这位赫赫有名的

司母戊方鼎被誉为"青铜时代第一鼎"

青铜器的典型代表作——司母戊方鼎

古玩商亲眼目睹了司母戊方鼎后，深深为它那精美的纹饰、庄重的外观、高超的铸造技术而倾倒。这么大的器物怎么运走呢？沉思片刻，他对村民们说："我付你们二十万现大洋，你们把它卸成八块，肢解后分成若干箱运往北京。"言毕就起程返京。

在二十万重金的诱惑下，村民们动心了。

第二天，村民就从县城买回三打钢锯条。当天夜里在吴培文家的四周布下了岗哨。村民们分成两组，分别锯刻有铭文那侧的两条腿。一直锯到半夜两点左右，锯条磨秃了，三十六条钢锯所剩

司母戊方鼎上的纹饰极尽雍容华美

无几。借着微弱的灯光一看，鼎足除了留下轻微的痕迹外安然无恙。无奈，村民们又抡起五十磅的大油锤猛击鼎壁，想将其卸成四块。当、当、当，清脆的锤声划破寂静的夜空传到几里以外的地方。惊慌的村民赶紧又在房上加了岗，门上吊上砖，关上大门继续敲击鼎身，数锤过后再看，鼎身仍然完好无损。这可急坏了众村民，鼎足锯不下来，鼎身又砸不下来，想不到肢解此鼎会如此艰难。于是，他们决定先把鼎耳砸下。村民们用稻草将鼎腹填满，把被子蒙在大鼎上，在上面坐上人，把旧鞋底垫在鼎

展馆内的司母戊方鼎

青铜器的典型代表作——司母戊方鼎

115

司母戊方鼎出土处

吴家大院

耳的背面，继续用五十磅的油锤击打鼎耳，敲打四五十锤后鼎耳终于掉下来了。望着掉下来的鼎耳，村民们乐不可支，争相观看。狂热过后，冷静下来的村民一商议，砸一个鼎耳都如此艰难，要将大鼎大卸八块谈何容易。再说，这么大的器物，砸碎实在可惜。肢解后萧寅卿再变卦岂不是鸡飞蛋打一场空吗？而且，大鼎存放在这里也不安全，商议后连夜将司母戊方鼎转移到吴培文的西屋马棚下。砸下的鼎耳由探宝人吴希增保管，藏在他家的空炕下。

就在村民们自以为找到万全之策的同时，一场厄运也即将降临在他们头上。数月后，武官村发掘出珍宝一事传到了驻彰德县（时为安阳县）日伪宪兵队队长井东三郎的耳中。井东三郎是个中国通，对大鼎早已垂涎三尺，他为了掠夺这一稀世珍宝对武官村立即实行全面封锁，进行了多次疯狂的搜查，闹得村民们整日提心吊胆，惶惶不安，纷纷逃离家乡。

第一次搜查就动用了铁道警备队、日本宪兵队等近三四百人，机枪架在各个路口，把武官村围了个水泄不通。由于告密者的失误，把藏宝的西屋马棚说成西院马棚。日本人一进村就直奔和吴培文家只有一墙之隔的西院马棚，翻箱倒柜地搜查一番后一无所获，扫兴而归。经过这次搜查，村民们深感司母戊方鼎放在此地也不安全。因此，连夜把司母戊方鼎挖出又转移到吴培文家中盛马草的东屋，在东屋的地下挖了一个两米深的大坑，把司母戊鼎躺着埋在里面后，在上面墁上一层砖。当时从坑里挖出的土，用小推车运了三十车。村民们知道，日本人第一次搜查没有得到宝物是不会善罢甘休的。为了应付日本人的再次搜

吴家大院内景

青铜器的典型代表作——司母戊方鼎

司母戊方鼎局部特写

春秋时期王子午铜鼎

查，村民们花了七八十元，买了一件殷墟出土的无铭文的青铜炊具"甗"，将它与一些碎陶片一并放在吴培文家的空炕里边，摆了一个鱼目混珠的假现场。

果真，第二天日本人又来了，村的西头全部设了岗，个个持枪上了刺刀，把武官村又团团围住，对吴培文家进行了全面搜查。就在日本人搜到器物的同时，从西北方向刮起了几十年罕见的大风。霎时间，乌云密布，电闪雷鸣，飓风卷着狂沙向武官村袭来，将连根的大树刮倒了数十根。面对着瞬息万变的天气，日本人也不敢久留，带着掠夺的"宝物"迅速撤离了武官村。

古代青铜器与司母戊方鼎

118

安阳司母戊方鼎

司母戊方鼎虽然躲过了一次又一次的浩劫，但是村民们仍心有余悸，再也不敢有非分之想。就这样，司母戊方鼎在吴培文家东屋草房的地下沉睡了整整八年。八年后，即抗日战争胜利的第二年，安阳县参议员古物保存委员会主任陈子明四处打听司母戊方鼎的下落，当他得知在日伪时期任总督学之职的吴延年是司母戊方鼎的股东之一时，就将其逮捕入狱，逼其说出司母戊方鼎的下落。早已吓得六神无主的吴延年只得将司母戊方鼎的埋藏地点供出。就这样，陈子明与安阳县县长姚法圃于 1946 年 7 月 11 日深夜，在驻军四十师

南京博物院

清代仿古小青铜鼎

的协助下直赴吴培文东屋草房内将司母戊方鼎掘出。接着，又直奔吴希增家中，令其交出鼎耳。12日凌晨，陈子明一行用马车将司母戊方鼎运往位于萧曹庙内的县古物保存委员会展览。

1948年5月29日至6月8日中央博物馆筹备处与故宫博物院联合举办展览。司母戊方鼎首次在南京公开展出。

而后司母戊方鼎一直在南京博物院保存。1958年南京博物院请来了两位山东师傅复制了一鼎耳。从此司母戊方鼎恢复了它的本来面貌。

1959年中国历史博物馆建馆后，司母戊方鼎又从南京迁移到北京，存放在该馆一级品库房。为了配合修改陈列，1989年7月19日运往该馆文物保护实验室进行科学保护。

中国古代青铜器，由夏至周末，发展得井然有序。奇异的青铜世界，不仅在中国古物中占有崇高的地位，即使在全世界古铜器中，也是出类拔萃的。中国青铜器铸造工艺之先进，形制之美观，纹饰之精丽，铭文之劲拔，是世界青铜史上所难以企及的。这就是中国青铜器深深吸引着众多收藏家的魅力所在。